江西省经济普查年鉴 2018

Jiangxi Economic Census Yearbook

第三产业卷

江西省第四次全国经济普查领导小组办公室　编著

中国统计出版社
China Statistics Press

图书在版编目（CIP）数据

江西省经济普查年鉴. 2018. 第三产业卷 / 江西省第四次全国经济普查领导小组办公室编著. -- 北京 : 中国统计出版社, 2020.7
ISBN 978-7-5037-9172-7

Ⅰ. ①江… Ⅱ. ①江… Ⅲ. ①经济－普查－江西－2018－年鉴②第三产业－经济－普查－江西－2018－年鉴 Ⅳ. ①F127.56-54

中国版本图书馆 CIP 数据核字(2020)第 108836 号

江西省经济普查年鉴—2018/第三产业卷

作　　者/江西省第四次全国经济普查领导小组办公室
责任编辑/许立舫
封面设计/黄俊杰　李雪燕
出版发行/中国统计出版社
通信地址/北京市丰台区西三环南路甲 6 号　邮政编码/100073
电　　话/邮购（010）63376909　书店（010）68783171
网　　址/http://www.zgtjcbs.com/
印　　刷/河北鑫兆源印刷有限公司
经　　销/新华书店
开　　本/880mm×1230mm　1/16
字　　数/460 千字
印　　张/15.5
版　　别/2020 年 7 月第 1 版
版　　次/2020 年 7 月第 1 次印刷
定　　价/680.00 元（全四册附光盘）

本书附同版本 CD-ROM 一张，光盘内容以书面文字为准。
如有印装差错，由本社发行部调换。

《江西省经济普查年鉴-2018》

指导委员会

主　　任：万庆胜

副 主 任：罗伟华　韩志生　彭勇平　曾永生　喻　滨

金　绮　康冬明　曾庆道　叶德祥　陆　锋

编辑委员会

总 编 辑：曾永生

副总编辑：黄正坤

委　　员：（以姓氏笔画为序）

万　玲　卢俊波　叶德祥　皮人学　朱小清　刘　军　刘卫红

刘晓红　杨幸丽　杨裕光　吴九华　何小敏　宋世平　张　捷

张启良　季昌轮　周　红　胡九根　徐宇林　黄　谦　喻　荣

喻林华　程　敏

执行编辑：彭　虹　曹淳隽

数据处理：林晓倩　邓　帅

光盘设计：王立群　熊　威

《第三产业卷》编辑委员会

第一篇　批发和零售业企业基本情况及财务状况篇

第二篇　住宿和餐饮业企业基本情况及财务状况篇

主　　任：吴九华

副 主 任：徐金玉

编辑人员：王杨帆

第三篇　房地产开发经营业生产经营及财务状况篇

主　　任：何小敏

副 主 任：胡国平

编辑人员：熊　谦

第四篇　服务业企业财务状况篇

主　　任：刘晓红

副 主 任：徐宇林

编辑人员：雷海清　李　伟　雷永兰

第五篇　服务业行政事业及非企业法人单位篇

主　　任：刘晓红

副 主 任：杨建萍

编辑人员：敬　洋　李　伟　刘　钏

第六篇　企业信息化和电子商务交易情况篇

主　　任：刘晓红

副 主 任：杨建萍

编辑人员：敬　洋　雷海清

编者说明

为便于社会各界共同分享第四次全国经济普查成果，更方便地开发利用普查资料，我们将经济普查资料编辑整理，汇编成《江西省经济普查年鉴—2018》一书。全书共三卷四册，即《综合卷》、《第二产业卷》和《第三产业卷》，并附同版本光盘一张。《综合卷》分三篇：第一篇为“综合篇”，第二篇为“企业篇”，第三篇为“文化及相关产业篇”。《第二产业卷》按内容分为上、下两册。上册两篇：第一篇为“工业企业生产经营及财务状况篇”，第二篇为“主要工业产品产量篇”。下册两篇：第一篇为“规模以上工业企业科技情况篇”，第二篇为“建筑业企业生产经营及账务状况篇”。《第三产业卷》分六篇：第一篇为“批发和零售业企业基本情况及财务状况篇”，第二篇为“住宿和餐饮业企业基本情况及财务状况篇”，第三篇为“房地产开发经营业生产经营及财务状况篇”，第四篇为“服务业企业财务状况篇”，第五篇为“服务业行政事业及非企业法人单位篇”，第六篇为“企业信息化和电子商务交易情况篇”。为使读者能够更好地使用本资料，现对有关问题做如下说明：

一、第四次全国经济普查的标准时点为2018年12月31日，时期资料为2018年度；

二、《综合卷》中“综合篇”和“企业篇”汇总表，均不包含少量无分组标识的单位数据，其中单位数包含兼营二、三产业的农、林、牧、渔业法人单位，从业人员数不包含兼营二、三产业的农、林、牧、渔业法人单位，不包含人民银行、银保监会、证监会监管的金融业以及铁路运输部门单位数据；

三、本资料建筑业按法人单位注册地，其他行业按法人单位经营地进行汇总；

四、本资料对部分数据由于计量单位取舍不同或四舍五入而产生的误差数均未作机械调整；

五、表中空格表示该项统计指标数值为零、不足最小单位、数据不详或无该项数据，“#”表示其中的主要项；

六、为了更准确地使用本年鉴，每卷后附有该卷详细的指标解释。

我们希望此书的面世，能使社会各界对第四次全国经济普查江西省数据有一个全面的了解，更愿本书的内容，能为社会经济研究工作者提供有价值的参考。

江西省第四次全国经济普查资料是全省普查工作者共同辛勤工作的成果，也是广大普查对象积极支持配合的结果。在此，我们向全省所有普查工作者、普查对象和所有参与和支持普查工作的人员致以崇高的敬意和衷心的感谢！

江西省第四次全国经济普查领导小组办公室

2020年7月

第三产业卷　目录

第一篇　批发和零售业企业基本情况及财务状况篇

A.行业部分

B.地区部分

第二篇　住宿和餐饮业企业基本情况及财务状况篇

A.行业部分

第三篇 房地产开发经营业生产经营及财务状况篇

第四篇　服务业企业财务状况篇

第五篇 服务业行政事业及非企业法人单位篇

第六篇 企业信息化和电子商务交易情况篇

附 录

第1篇

批发和零售业企业基本情况及财务状况篇

A.行业部分

1-A-1　批发业法人企业基本情况

分　组	法人单位数(个)	从业人员期末人数(人)
批发业	**62225**	**484842**
按国民经济行业分组		
农、林、牧、渔产品批发	3852	31666
谷物、豆及薯类批发	728	8694
种子批发	393	1963
畜牧渔业饲料批发	282	1941
棉、麻批发	97	957
林业产品批发	792	6343
牲畜批发	432	3881
渔业产品批发	37	211
其他农牧产品批发	1091	7676
食品、饮料及烟草制品批发	6657	68013
米、面制品及食用油批发	594	7017
糕点、糖果及糖批发	116	1007
果品、蔬菜批发	1865	20053
肉、禽、蛋、奶及水产品批发	551	4614
盐及调味品批发	78	1380
营养和保健品批发	226	1765
酒、饮料及茶叶批发	1125	8998
烟草制品批发	39	8083
其他食品批发	2063	15096
纺织、服装及家庭用品批发	6062	44187
纺织品、针织品及原料批发	501	3718
服装批发	2166	16723
鞋帽批发	203	1650
化妆品及卫生用品批发	401	3454
厨具卫具及日用杂品批发	633	3954
灯具、装饰物品批发	316	1593
家用视听设备批发	111	807
日用家电批发	635	5216
其他家庭用品批发	1096	7072
文化、体育用品及器材批发	1471	9179
文具用品批发	663	3572
体育用品及器材批发	198	1135
图书批发	169	1487
报刊批发	3	16

1-A-1 续表 1

分　组	法人单位数（个）	从业人员期末人数（人）
音像制品、电子和数字出版物批发	27	214
首饰、工艺品及收藏品批发	201	1305
乐器批发	11	76
其他文化用品批发	199	1374
医药及医疗器材批发	4435	61499
西药批发	326	20245
中药批发	343	16912
动物用药品批发	89	719
医疗用品及器材批发	3677	23623
矿产品、建材及化工产品批发	19856	143137
煤炭及制品批发	1149	18554
石油及制品批发	326	10474
非金属矿及制品批发	913	6667
金属及金属矿批发	2680	18700
建材批发	10044	66331
化肥批发	1858	7074
农药批发	1450	4586
农用薄膜批发	7	14
其他化工产品批发	1429	10737
机械设备、五金产品及电子产品批发	8644	57201
农业机械批发	600	3589
汽车及零配件批发	936	7438
摩托车及零配件批发	53	414
五金产品批发	1984	11281
电气设备批发	834	5079
计算机、软件及辅助设备批发	713	4042
通讯设备批发	226	4020
广播影视设备批发	39	201
其他机械设备及电子产品批发	3259	21137
贸易经纪与代理	5283	33071
贸易代理	4479	25557
一般物品拍卖	81	473
艺术品、收藏品拍卖	13	69
艺术品代理	1	3
其他贸易经纪与代理	709	6969
其他批发业	5965	36889
再生物资回收与批发	1699	10604

1-A-1　续表 2

分　组	法人单位数(个)	从业人员期末人数(人)
宠物食品用品批发	23	116
互联网批发	146	872
其他未列明批发业	4097	25297
按登记注册类型分组		
内资企业	62157	483297
国有企业	613	18315
集体企业	334	2370
股份合作企业	47	273
联营企业	29	475
国有联营企业	5	67
集体联营企业	12	301
国有与集体联营企业	6	93
其他联营企业	6	14
有限责任公司	7435	96950
国有独资公司	65	2959
其他有限责任公司	7370	93991
股份有限公司	1034	13413
私营企业	49389	325756
私营独资企业	4458	17858
私营合伙企业	959	6172
私营有限责任公司	42614	291444
私营股份有限公司	1358	10282
其他企业	3276	25745
港、澳、台商投资企业	33	593
与港澳台商合资经营企业	5	195
与港澳台商合作经营企业	1	9
港澳台商独资经营企业	22	350
港澳台商投资股份有限公司	2	14
其他港澳台投资企业	3	25
外商投资企业	35	952
中外合资经营企业	9	358
中外合作经营企业	1	3
外资企业	10	380
外商投资股份有限公司	2	6
其他外商投资	13	205

1-A-2 限额以上批发业法人企业基本情况

分　组	法人单位数（个）	从业人员期末人数（人）
批发业	**1348**	**94107**
按国民经济行业分组		
农、林、牧、渔产品批发	73	5661
谷物、豆及薯类批发	32	3262
种子批发	5	151
畜牧渔业饲料批发	8	115
棉、麻批发	5	137
林业产品批发	6	269
牲畜批发	9	882
渔业产品批发		
其他农牧产品批发	8	845
食品、饮料及烟草制品批发	190	18754
米、面制品及食用油批发	31	1594
糕点、糖果及糖批发	7	220
果品、蔬菜批发	27	2346
肉、禽、蛋、奶及水产品批发	29	1308
盐及调味品批发	10	846
营养和保健品批发	3	249
酒、饮料及茶叶批发	37	2127
烟草制品批发	11	7805
其他食品批发	35	2259
纺织、服装及家庭用品批发	93	3409
纺织品、针织品及原料批发	19	457
服装批发	19	476
鞋帽批发	3	226
化妆品及卫生用品批发	6	404
厨具卫具及日用杂品批发	6	172
灯具、装饰物品批发	2	25
家用视听设备批发	5	267
日用家电批发	28	1296
其他家庭用品批发	5	86
文化、体育用品及器材批发	19	545
文具用品批发	2	16
体育用品及器材批发	2	55
图书批发	6	172
报刊批发		
音像制品、电子和数字出版物批发		
首饰、工艺品及收藏品批发	2	121

1-A-2　续表 1

分　组	法人单位数（个）	从业人员期末人数（人）
乐器批发		
其他文化用品批发	7	181
医药及医疗器材批发	272	30824
西药批发	118	14277
中药批发	75	14019
动物用药品批发	11	331
医疗用品及器材批发	68	2197
矿产品、建材及化工产品批发	434	24876
煤炭及制品批发	39	9696
石油及制品批发	42	8508
非金属矿及制品批发	16	387
金属及金属矿批发	123	2049
建材批发	128	2563
化肥批发	35	645
农药批发	7	342
农用薄膜批发		
其他化工产品批发	44	686
机械设备、五金产品及电子产品批发	182	8284
农业机械批发	16	251
汽车及零配件批发	47	1891
摩托车及零配件批发	3	74
五金产品批发	14	317
电气设备批发	9	231
计算机、软件及辅助设备批发	17	399
通讯设备批发	26	2739
广播影视设备批发	4	44
其他机械设备及电子产品批发	46	2338
贸易经纪与代理	29	495
贸易代理	22	407
一般物品拍卖		
艺术品、收藏品拍卖		
艺术品代理		
其他贸易经纪与代理	7	88
其他批发业	56	1259
再生物资回收与批发	18	500
宠物食品用品批发		
互联网批发	3	202
其他未列明批发业	35	557

注：NA表示单位个数小于或等于3，下表同。

1-A-2 续表 2

分 组	法人单位数（个）	从业人员期末人数（人）
按登记注册类型分组		
内资企业	1340	93087
国有企业	46	11645
集体企业	7	130
股份合作企业	1	28
联营企业		
国有联营企业		
集体联营企业		
国有与集体联营企业		
其他联营企业		
有限责任公司	509	47183
国有独资公司	9	1596
其他有限责任公司	500	45587
股份有限公司	52	7203
私营企业	720	26783
私营独资企业	12	283
私营合伙企业	2	30
私营有限责任公司	680	25735
私营股份有限公司	26	735
其他企业	5	115
港、澳、台商投资企业	4	229
与港澳台商合资经营企业		
与港澳台商合作经营企业		
港澳台商独资经营企业	3	219
港澳台商投资股份有限公司	1	10
其他港澳台投资企业		
外商投资企业	4	791
中外合资经营企业	2	309
中外合作经营企业		
外资企业	1	332
外商投资股份有限公司		
其他外商投资	1	150
按单位规模分组		
大型	54	43849
中型	394	30488
小型	796	19000
微型	104	770

1-A-3　批发业法人企业财务状况

单位：万元

分　　组	资产总计	负债合计	营业收入
批发业	**42142938**	**24349882**	**68865460**
按国民经济行业分组			
农、林、牧、渔产品批发	1599938	740039	1739710
谷物、豆及薯类批发	578018	330430	501998
种子批发	127385	47090	133664
畜牧渔业饲料批发	164031	81027	298217
棉、麻批发	112659	77071	122243
林业产品批发	233299	75917	159682
牲畜批发	145008	46932	210594
渔业产品批发	6920	685	10527
其他农牧产品批发	232618	80886	302785
食品、饮料及烟草制品批发	4803065	1943970	8169609
米、面制品及食用油批发	650646	445590	714092
糕点、糖果及糖批发	39894	14302	52969
果品、蔬菜批发	472878	139068	915965
肉、禽、蛋、奶及水产品批发	161942	74562	407899
盐及调味品批发	264240	52651	71527
营养和保健品批发	51354	20031	96485
酒、饮料及茶叶批发	407465	163656	522978
烟草制品批发	1666312	337621	4165719
其他食品批发	1088332	696488	1221972
纺织、服装及家庭用品批发	2128839	1206015	3543432
纺织品、针织品及原料批发	151624	77045	351133
服装批发	633052	249343	935394
鞋帽批发	46844	21029	63450
化妆品及卫生用品批发	79959	41043	180136
厨具卫具及日用杂品批发	153102	58754	200727
灯具、装饰物品批发	66321	27283	83683
家用视听设备批发	37183	25507	138136
日用家电批发	795287	650290	1226933
其他家庭用品批发	165467	55721	363840
文化、体育用品及器材批发	548187	264739	857310
文具用品批发	176361	87644	231801
体育用品及器材批发	25662	7892	60779
图书批发	188707	97072	235713
报刊批发	1382	377	1077

1-A-3 续表 1

单位：万元

分　组	资产总计	负债合计	营业收入
音像制品、电子和数字出版物批发	4805	663	8239
首饰、工艺品及收藏品批发	63599	30553	228442
乐器批发	2344	992	4411
其他文化用品批发	85329	39546	86849
医药及医疗器材批发	5604738	3775649	9560178
西药批发	2623544	1898357	3782042
中药批发	1544469	1089205	3090497
动物用药品批发	78431	50388	209116
医疗用品及器材批发	1358293	737699	2478523
矿产品、建材及化工产品批发	19141203	11627389	29157465
煤炭及制品批发	2093423	1324279	3425051
石油及制品批发	2647551	1450442	4990578
非金属矿及制品批发	405656	196942	571073
金属及金属矿批发	8631675	6111773	12245185
建材批发	4407207	2150903	5895371
化肥批发	252736	104632	538313
农药批发	143366	46402	233123
农用薄膜批发	196	5	408
其他化工产品批发	559395	242011	1258364
机械设备、五金产品及电子产品批发	4600477	3019848	8741287
农业机械批发	144517	42909	222876
汽车及零配件批发	1220414	1002822	3314973
摩托车及零配件批发	34039	22146	84450
五金产品批发	580358	248251	916416
电气设备批发	415488	247513	426407
计算机、软件及辅助设备批发	189331	92486	353797
通讯设备批发	411786	275568	1036423
广播影视设备批发	36302	46529	82141
其他机械设备及电子产品批发	1568241	1041623	2303805
贸易经纪与代理	1793270	919086	3923431
贸易代理	1599152	844315	3271477
一般物品拍卖	17563	3150	10851
艺术品、收藏品拍卖	2769	641	4244
艺术品代理	58	2	45
其他贸易经纪与代理	173729	70979	636814
其他批发业	1923221	853146	3173038
再生物资回收与批发	555255	289139	1275261

1-A-3　续表 2　　　　单位：万元

分　　组	资产总计	负债合计	营业收入
宠物食品用品批发	1303	273	1984
互联网批发	17035	3824	42244
其他未列明批发业	1349627	559910	1853549
按登记注册类型分组			
内资企业	41739696	24155186	68235347
国有企业	3170197	1006434	5137694
集体企业	66962	21345	117561
股份合作企业	13678	6519	21795
联营企业	9089	2433	12775
国有联营企业	2531	2064	1028
集体联营企业	5599	197	9735
国有与集体联营企业	740	146	1614
其他联营企业	219	26	398
有限责任公司	18101949	13204127	25357716
国有独资公司	1022280	602274	1195509
其他有限责任公司	17079669	12601853	24162207
股份有限公司	3022243	1687561	4627947
私营企业	16927959	8132392	32076726
私营独资企业	445627	120476	745275
私营合伙企业	169708	30072	304674
私营有限责任公司	15731937	7729856	30033188
私营股份有限公司	580686	251989	993590
其他企业	427620	94374	883134
港、澳、台商投资企业	159135	53536	173380
与港澳台商合资经营企业	47087	3287	35335
与港澳台商合作经营企业	141	73	165
港澳台商独资经营企业	109313	49079	134426
港澳台商投资股份有限公司	1281	317	2561
其他港澳台投资企业	1313	780	892
外商投资企业	244106	141160	456734
中外合资经营企业	113433	94139	291423
中外合作经营企业	46		103
外资企业	118809	39651	139238
外商投资股份有限公司	1801	83	1017
其他外商投资	10018	7287	24953

1-A-4 限额以上批发业法人企业财务状况

单位：万元

分　组	资产总计	负债合计	营业收入
批发业	**18010357**	**12399853**	**33755340**
按国民经济行业分组			
农、林、牧、渔产品批发	401335	246870	620161
谷物、豆及薯类批发	223542	146828	250870
种子批发	12090	2785	18446
畜牧渔业饲料批发	20750	14599	121774
棉、麻批发	67653	54420	54930
林业产品批发	29944	9974	17890
牲畜批发	24871	11030	122534
渔业产品批发			
其他农牧产品批发	22485	7234	33718
食品、饮料及烟草制品批发	2566219	950030	5806023
米、面制品及食用油批发	117137	58063	213312
糕点、糖果及糖批发	16252	10252	22134
果品、蔬菜批发	138120	54106	494991
肉、禽、蛋、奶及水产品批发	50577	36166	272878
盐及调味品批发	41686	9508	34033
营养和保健品批发	5812	2996	12740
酒、饮料及茶叶批发	165703	95064	234665
烟草制品批发	1660241	335738	4146755
其他食品批发	370690	348138	374515
纺织、服装及家庭用品批发	746416	632633	1340179
纺织品、针织品及原料批发	53035	38967	166099
服装批发	89752	58172	239703
鞋帽批发	14337	13059	7654
化妆品及卫生用品批发	8114	5795	41193
厨具卫具及日用杂品批发	5991	1575	20255
灯具、装饰物品批发	4578	1096	3664
家用视听设备批发	11903	12423	82873
日用家电批发	552672	499402	766428
其他家庭用品批发	6033	2144	12310
文化、体育用品及器材批发	139139	100467	310064
文具用品批发	5323	4531	12239
体育用品及器材批发	3046	594	13055
图书批发	101976	68880	109992
报刊批发			
音像制品、电子和数字出版物批发			
首饰、工艺品及收藏品批发	20637	20592	146598

1-A-4　续表 1

单位：万元

分　　组	资产总计	负债合计	营业收入
乐器批发			
其他文化用品批发	8157	5870	28181
医药及医疗器材批发	3920430	2970949	6523925
西药批发	2183043	1669875	2939475
中药批发	1352861	997229	2784970
动物用药品批发	69221	47953	190722
医疗用品及器材批发	315305	255893	608759
矿产品、建材及化工产品批发	7673991	5373630	12835134
煤炭及制品批发	965867	710510	1070513
石油及制品批发	2418129	1366083	4695968
非金属矿及制品批发	64012	40586	107728
金属及金属矿批发	2464294	2181092	4949575
建材批发	1510177	939052	1261057
化肥批发	73844	50634	256864
农药批发	45697	21339	67224
农用薄膜批发			
其他化工产品批发	131972	64334	426206
机械设备、五金产品及电子产品批发	2151083	1861518	5241375
农业机械批发	19757	13227	41829
汽车及零配件批发	939523	867987	2876979
摩托车及零配件批发	12736	11448	47472
五金产品批发	46583	31376	113866
电气设备批发	128879	112839	66059
计算机、软件及辅助设备批发	47091	34411	81816
通讯设备批发	338462	236572	896607
广播影视设备批发	33380	45646	77008
其他机械设备及电子产品批发	584674	508013	1039739
贸易经纪与代理	101082	73848	381779
贸易代理	66738	51811	285458
一般物品拍卖			
艺术品、收藏品拍卖			
艺术品代理			
其他贸易经纪与代理	34344	22037	96321
其他批发业	310663	189910	696700
再生物资回收与批发	54414	38750	286882
宠物食品用品批发			
互联网批发	3836	958	10960
其他未列明批发业	252413	150202	398858

1-A-4 续表 2

单位：万元

分 组	资产总计	负债合计	营业收入
按登记注册类型分组			
内资企业	17776986	12250848	33187036
国有企业	1963384	550621	4566027
集体企业	8614	4756	33839
股份合作企业	3673	3468	3194
联营企业			
国有联营企业			
集体联营企业			
国有与集体联营企业			
其他联营企业			
有限责任公司	9625960	7712553	16150981
国有独资公司	334929	207832	584728
其他有限责任公司	9291031	7504721	15566253
股份有限公司	2410884	1426596	4239704
私营企业	3759148	2550993	8182536
私营独资企业	18176	11234	37501
私营合伙企业	2143	1028	7839
私营有限责任公司	3544722	2425969	7897203
私营股份有限公司	194107	112762	239993
其他企业	5325	1861	10757
港、澳、台商投资企业	76370	41058	120375
与港澳台商合资经营企业			
与港澳台商合作经营企业			
港澳台商独资经营企业	75927	40872	118544
港澳台商投资股份有限公司	443	186	1831
其他港澳台投资企业			
外商投资企业	157001	107947	447929
中外合资经营企业	110538	92470	290054
中外合作经营企业			
外资企业	37386	8324	134833
外商投资股份有限公司			
其他外商投资	9077	7153	23042
按单位规模分组			
大型	7217007	4365808	14547642
中型	7231108	5443520	12239484
小型	3267386	2315910	6217706
微型	294856	274615	750509

1-A-5 零售业法人企业基本情况

分　组	法　人 单位数 (个)	从业人员 期末人数 (人)
零售业	**57526**	**439138**
按国民经济行业分组		
综合零售	6421	83836
百货零售	3185	42199
超级市场零售	333	25227
便利店零售	50	1129
其他综合零售	2853	15281
食品、饮料及烟草制品专门零售	5694	43917
粮油零售	550	4330
糕点、面包零售	108	1118
果品、蔬菜零售	1069	10504
肉、禽、蛋、奶及水产品零售	744	6522
营养和保健品零售	272	1719
酒、饮料及茶叶零售	1058	6985
烟草制品零售	135	814
其他食品零售	1758	11925
纺织、服装及日用品专门零售	5044	32026
纺织品及针织品零售	347	1974
服装零售	2247	15536
鞋帽零售	151	1028
化妆品及卫生用品零售	436	3092
厨具卫具及日用杂品零售	283	1771
钟表、眼镜零售	463	2701
箱包零售	139	916
自行车等代步设备零售	111	460
其他日用品零售	867	4548
文化、体育用品及器材专门零售	2919	23509
文具用品零售	589	2927
体育用品及器材零售	309	1879
图书、报刊零售	149	5363
音像制品、电子和数字出版物零售	23	149
珠宝首饰零售	385	2671
工艺美术品及收藏品零售	864	8074
乐器零售	81	532
照相器材零售	28	103
其他文化用品零售	491	1811

1-A-5 续表 1

分　组	法　人 单位数 (个)	从业人员 期末人数 (人)
医药及医疗器材专门零售	5462	39137
西药零售	3371	27257
中药零售	369	3007
动物用药品零售	214	701
医疗用品及器材零售	1483	8024
保健辅助治疗器材零售	25	148
汽车、摩托车、零配件和燃料及其他动力销售	9027	83636
汽车新车零售	6000	64726
汽车旧车零售	628	2856
汽车零配件零售	1232	6622
摩托车及零配件零售	183	952
机动车燃油零售	950	8140
机动车燃气零售	22	280
机动车充电销售	12	60
家用电器及电子产品专门零售	5501	37939
家用视听设备零售	119	1787
日用家电零售	1519	13936
计算机、软件及辅助设备零售	1599	9081
通信设备零售	565	4233
其他电子产品零售	1699	8902
五金、家具及室内装饰材料专门零售	8220	45549
五金零售	1742	8351
灯具零售	249	1168
家具零售	1576	10383
涂料零售	583	2140
卫生洁具零售	166	879
木质装饰材料零售	202	1185
陶瓷、石材装饰材料零售	962	6611
其他室内装饰材料零售	2740	14832
货摊、无店铺及其他零售业	9238	49589
流动货摊零售	12	39
互联网零售	4152	20785
邮购及电视、电话零售	6	571
自动售货机零售	52	277
旧货零售	42	178

1-A-5　续表 2

分　　组	法　人 单位数 (个)	从业人员 期末人数 (人)
生活用燃料零售	553	4111
宠物食品用品零售	62	182
其他未列明零售业	4359	23446
按登记注册类型分组		
内资企业	57459	429833
国有企业	251	2913
集体企业	314	2303
股份合作企业	32	343
联营企业	30	193
国有联营企业	7	80
集体联营企业	10	34
国有与集体联营企业	4	10
其他联营企业	9	69
有限责任公司	6288	85720
国有独资公司	37	795
其他有限责任公司	6251	84925
股份有限公司	868	14375
私营企业	48367	314241
私营独资企业	6553	27906
私营合伙企业	1708	9518
私营有限责任公司	39265	269440
私营股份有限公司	841	7377
其他企业	1309	9745
港、澳、台商投资企业	38	5392
与港澳台商合资经营企业	10	159
与港澳台商合作经营企业	1	3
港澳台商独资经营企业	23	4971
港澳台商投资股份有限公司	3	259
其他港澳台投资企业	1	0
外商投资企业	29	3913
中外合资经营企业	10	1217
中外合作经营企业	1	3
外资企业	7	2617
外商投资股份有限公司	1	4
其他外商投资	10	72

1-A-6 限额以上零售业法人企业基本情况

分　　组	法　人 单位数 (个)	从业人员 期末人数 (人)
零售业	**3134**	**148933**
按国民经济行业分组		
综合零售	344	48347
百货零售	149	23719
超级市场零售	168	22945
便利店零售	4	608
其他综合零售	23	1075
食品、饮料及烟草制品专门零售	329	13367
粮油零售	44	1505
糕点、面包零售	14	526
果品、蔬菜零售	67	2355
肉、禽、蛋、奶及水产品零售	49	3065
营养和保健品零售	15	486
酒、饮料及茶叶零售	78	1735
烟草制品零售	1	141
其他食品零售	61	3554
纺织、服装及日用品专门零售	130	5632
纺织品及针织品零售	8	113
服装零售	65	2672
鞋帽零售	6	193
化妆品及卫生用品零售	15	1357
厨具卫具及日用杂品零售	6	140
钟表、眼镜零售	10	674
箱包零售	11	319
自行车等代步设备零售	2	36
其他日用品零售	7	128
文化、体育用品及器材专门零售	71	7322
文具用品零售	20	378
体育用品及器材零售	7	615
图书、报刊零售	4	4364
音像制品、电子和数字出版物零售	1	35
珠宝首饰零售	16	639
工艺美术品及收藏品零售	17	1210
乐器零售	2	31
照相器材零售	1	9
其他文化用品零售	3	41
医药及医疗器材专门零售	117	13018

1-A-6　续表 1

分　组	法　人 单位数 (个)	从业人员 期末人数 (人)
西药零售	74	11182
中药零售	13	1300
动物用药品零售		
医疗用品及器材零售	28	513
保健辅助治疗器材零售	2	23
汽车、摩托车、零配件和燃料及其他动力销售	1190	38854
汽车新车零售	1059	34560
汽车旧车零售	13	183
汽车零配件零售	26	493
摩托车及零配件零售	16	228
机动车燃油零售	73	3202
机动车燃气零售	3	188
机动车充电销售		
家用电器及电子产品专门零售	420	11290
家用视听设备零售	11	1194
日用家电零售	242	6742
计算机、软件及辅助设备零售	96	1822
通信设备零售	49	1039
其他电子产品零售	22	493
五金、家具及室内装饰材料专门零售	219	3959
五金零售	58	687
灯具零售	7	72
家具零售	68	1754
涂料零售	4	33
卫生洁具零售	4	36
木质装饰材料零售	15	254
陶瓷、石材装饰材料零售	28	519
其他室内装饰材料零售	35	604
货摊、无店铺及其他零售业	314	7144
流动货摊零售		
互联网零售	185	4200
邮购及电视、电话零售	1	540
自动售货机零售	8	127
旧货零售		
生活用燃料零售	23	571
宠物食品用品零售	1	17
其他未列明零售业	96	1689

1-A-6 续表 2

分　组	法　人 单位数 (个)	从业人员 期末人数 (人)
按登记注册类型分组		
内资企业	3105	139887
国有企业	19	1083
集体企业	6	252
股份合作企业	4	114
联营企业		
国有联营企业		
集体联营企业		
国有与集体联营企业		
其他联营企业		
有限责任公司	917	55976
国有独资公司	8	404
其他有限责任公司	909	55572
股份有限公司	61	9268
私营企业	2088	72728
私营独资企业	77	1504
私营合伙企业	20	610
私营有限责任公司	1940	67525
私营股份有限公司	51	3089
其他企业	10	466
港、澳、台商投资企业	18	5236
与港澳台商合资经营企业	3	80
与港澳台商合作经营企业		
港澳台商独资经营企业	13	4915
港澳台商投资股份有限公司	2	241
其他港澳台投资企业		
外商投资企业	11	3810
中外合资经营企业	4	1173
中外合作经营企业		
外资企业	5	2616
外商投资股份有限公司		
其他外商投资	2	21
按单位规模分组		
大型	36	38939
中型	661	67514
小型	1719	37942
微型	718	4538

1-A-7　零售业法人企业财务状况

单位：万元

分　　组	资产总计	负债合计	营业收入
零售业	**20168081**	**10534394**	**30446668**
按国民经济行业分组			
综合零售	3151251	2023363	4391141
百货零售	2040004	1412224	2735268
超级市场零售	705340	444471	1094952
便利店零售	25909	11648	32078
其他综合零售	379998	155019	528843
食品、饮料及烟草制品专门零售	1399799	467322	1742051
粮油零售	166610	80206	193936
糕点、面包零售	24957	11639	39693
果品、蔬菜零售	216258	58534	258849
肉、禽、蛋、奶及水产品零售	388011	111121	344636
营养和保健品零售	39362	14040	68740
酒、饮料及茶叶零售	263966	94282	292916
烟草制品零售	19337	3744	29824
其他食品零售	281299	93756	513456
纺织、服装及日用品专门零售	751175	244872	1114451
纺织品及针织品零售	45517	13694	60268
服装零售	405538	129986	494264
鞋帽零售	21219	11944	40082
化妆品及卫生用品零售	60423	23007	135584
厨具卫具及日用杂品零售	43692	12132	59363
钟表、眼镜零售	47054	16369	77146
箱包零售	24001	8987	93774
自行车等代步设备零售	11214	3323	24524
其他日用品零售	92519	25431	129447
文化、体育用品及器材专门零售	2493685	1230943	1668949
文具用品零售	75111	21069	108525
体育用品及器材零售	73361	25633	86041
图书、报刊零售	1163646	477589	834128
音像制品、电子和数字出版物零售	4223	1421	6570
珠宝首饰零售	356823	232754	243627
工艺美术品及收藏品零售	750796	448673	264068
乐器零售	10351	3896	14221
照相器材零售	7966	2757	6879
其他文化用品零售	51408	17152	104890

1-A-7 续表 1

单位：万元

分　　组	资产总计	负债合计	营业收入
医药及医疗器材专门零售	1026777	552152	1537247
西药零售	652232	382211	919735
中药零售	81721	47196	162819
动物用药品零售	13597	3538	17781
医疗用品及器材零售	276503	118561	432058
保健辅助治疗器材零售	2725	647	4854
汽车、摩托车、零配件和燃料及其他动力销售	6769798	3870635	12351364
汽车新车零售	5649668	3433214	10243073
汽车旧车零售	109221	35847	130301
汽车零配件零售	333392	96877	347122
摩托车及零配件零售	26975	8556	62993
机动车燃油零售	631805	291530	1482478
机动车燃气零售	17169	3811	83698
机动车充电销售	1568	800	1700
家用电器及电子产品专门零售	1301260	690835	2425360
家用视听设备零售	88884	72685	105586
日用家电零售	552833	335625	1219891
计算机、软件及辅助设备零售	246146	99504	422619
通信设备零售	192706	104826	331042
其他电子产品零售	220691	78195	346223
五金、家具及室内装饰材料专门零售	1439167	580662	1880871
五金零售	301785	138575	402693
灯具零售	30874	9499	45695
家具零售	291121	119067	450199
涂料零售	58862	25069	71901
卫生洁具零售	23816	7497	36090
木质装饰材料零售	51819	9208	59413
陶瓷、石材装饰材料零售	163558	57900	212532
其他室内装饰材料零售	517333	213848	602347
货摊、无店铺及其他零售业	1835170	873610	3335233
流动货摊零售	752	107	1064
互联网零售	601682	312390	1691143
邮购及电视、电话零售	26885	18262	84450
自动售货机零售	14808	4246	37900
旧货零售	3312	665	7809

1-A-7　续表 2　　　　单位：万元

分　　组	资产总计	负债合计	营业收入
生活用燃料零售	241069	88008	230095
宠物食品用品零售	10659	6008	10303
其他未列明零售业	936002	443923	1272468
按登记注册类型分组			
内资企业	19636431	10051135	29476165
国有企业	137068	68324	141025
集体企业	54970	16945	98211
股份合作企业	11550	2999	28006
联营企业	3411	825	4725
国有联营企业	978	28	1475
集体联营企业	798	54	1209
国有与集体联营企业	455	63	231
其他联营企业	1180	680	1809
有限责任公司	7127036	4080814	10180687
国有独资公司	70931	36533	136281
其他有限责任公司	7056105	4044281	10044407
股份有限公司	1285670	816380	1222526
私营企业	10890307	5051511	17644641
私营独资企业	617058	132028	860349
私营合伙企业	234478	34598	325206
私营有限责任公司	9668058	4687328	15924293
私营股份有限公司	370713	197556	534793
其他企业	126419	13337	156344
港、澳、台商投资企业	381676	341047	619054
与港澳台商合资经营企业	25951	16677	13806
与港澳台商合作经营企业	9		61
港澳台商独资经营企业	344297	317631	589515
港澳台商投资股份有限公司	11419	6739	15672
其他港澳台投资企业			
外商投资企业	149974	142212	351449
中外合资经营企业	32133	45022	139853
中外合作经营企业	30	9	124
外资企业	110692	94653	209210
外商投资股份有限公司	29	71	25
其他外商投资	7090	2457	2236

1-A-8 限额以上零售业法人企业财务状况

单位：万元

分组	资产总计	负债合计	营业收入
零售业	**11068700**	**7423571**	**19312737**
按国民经济行业分组			
综合零售	2088010	1629809	3302187
百货零售	1378474	1168933	2182413
超级市场零售	663587	429442	1042786
便利店零售	11212	7152	24157
其他综合零售	34736	24282	52832
食品、饮料及烟草制品专门零售	717314	284218	960766
粮油零售	77477	47929	119677
糕点、面包零售	18503	8259	26949
果品、蔬菜零售	104749	37930	115256
肉、禽、蛋、奶及水产品零售	303454	94401	255403
营养和保健品零售	16835	8617	33229
酒、饮料及茶叶零售	116422	54119	141146
烟草制品零售	1019	138	3705
其他食品零售	78854	32828	265402
纺织、服装及日用品专门零售	217517	109234	413877
纺织品及针织品零售	5300	1817	9179
服装零售	135986	73899	191102
鞋帽零售	8934	7317	15034
化妆品及卫生用品零售	31318	13691	92518
厨具卫具及日用杂品零售	5008	1333	6233
钟表、眼镜零售	12637	3122	24870
箱包零售	12617	5401	64255
自行车等代步设备零售	1818	734	3598
其他日用品零售	3899	1922	7088
文化、体育用品及器材专门零售	2088254	1116452	1086936
文具用品零售	12050	6631	32934
体育用品及器材零售	32060	15450	53884
图书、报刊零售	1135330	465099	798852
音像制品、电子和数字出版物零售	2234	641	2768
珠宝首饰零售	276832	207314	143820
工艺美术品及收藏品零售	613779	412391	26821
乐器零售	1615	738	1251
照相器材零售	4019	1549	4290
其他文化用品零售	10335	6640	22317
医药及医疗器材专门零售	421198	341400	651545

1-A-8　续表 1　　　　单位：万元

分　组	资产总计	负债合计	营业收入
西药零售	338747	280492	466100
中药零售	46502	39570	117431
动物用药品零售			
医疗用品及器材零售	35631	21230	66704
保健辅助治疗器材零售	318	108	1310
汽车、摩托车、零配件和燃料及其他动力销售	4003032	2920876	9593674
汽车新车零售	3547770	2633283	8180659
汽车旧车零售	22426	12853	15444
汽车零配件零售	32723	19724	50465
摩托车及零配件零售	6701	4075	31267
机动车燃油零售	381547	247875	1238143
机动车燃气零售	11865	3066	77697
机动车充电销售			
家用电器及电子产品专门零售	630837	425445	1451942
家用视听设备零售	73349	68347	85805
日用家电零售	336302	232782	913298
计算机、软件及辅助设备零售	102448	43327	193995
通信设备零售	97734	72163	219416
其他电子产品零售	21005	8826	39428
五金、家具及室内装饰材料专门零售	243365	145174	361218
五金零售	43352	22208	97106
灯具零售	3162	1998	6435
家具零售	116863	81354	133029
涂料零售	3514	2613	5747
卫生洁具零售	1700	774	2546
木质装饰材料零售	14531	3622	24680
陶瓷、石材装饰材料零售	33486	18810	33423
其他室内装饰材料零售	26757	13796	58251
货摊、无店铺及其他零售业	659174	450964	1490593
流动货摊零售			
互联网零售	342336	255777	1104815
邮购及电视、电话零售	26467	18193	83115
自动售货机零售	12460	3864	31454
旧货零售			
生活用燃料零售	69765	37801	61119
宠物食品用品零售	8854	5836	6477
其他未列明零售业	199291	129494	203612

1-A-8 续表 2

单位：万元

分组	资产总计	负债合计	营业收入
按登记注册类型分组			
内资企业	10556943	6950384	18348504
国有企业	60732	37257	78808
集体企业	9665	6442	46403
股份合作企业	5391	2471	21365
联营企业			
国有联营企业			
集体联营企业			
国有与集体联营企业			
其他联营企业			
有限责任公司	5513113	3562979	8729876
国有独资公司	46082	29304	98929
其他有限责任公司	5467031	3533675	8630948
股份有限公司	886538	632397	1005800
私营企业	4076524	2707425	8451460
私营独资企业	39142	18357	89898
私营合伙企业	19838	4909	27055
私营有限责任公司	3793905	2558608	7978753
私营股份有限公司	223638	125552	355755
其他企业	4982	1414	14791
港、澳、台商投资企业	365760	332201	614530
与港澳台商合资经营企业	12826	8590	11914
与港澳台商合作经营企业			
港澳台商独资经营企业	341591	316901	587613
港澳台商投资股份有限公司	11343	6710	15004
其他港澳台投资企业			
外商投资企业	145997	140985	349704
中外合资经营企业	31041	44469	138793
中外合作经营企业			
外资企业	110692	94653	209210
外商投资股份有限公司			
其他外商投资	4264	1863	1701
按单位规模分组			
大型	3089888	1921094	3970474
中型	4909858	3633281	8693211
小型	2537304	1567495	5535465
微型	531649	301701	1113587

B.地区部分

1-B-1　分地区批发业法人企业基本情况

地　区	法人单位数（个）	从业人员期末人数（人）
全　省	**62225**	**484842**
南昌市	14232	107694
景德镇市	1129	11642
萍乡市	1575	10879
九江市	7813	76247
新余市	5803	34400
鹰潭市	1920	14256
赣州市	10692	73792
吉安市	3881	28833
宜春市	5654	65000
抚州市	3168	23940
上饶市	6358	38159

1-B-2　分地区批发业法人企业基本情况(按国民经济行业分)

(农、林、牧、渔产品批发)

地　区	法人单位数（个）	从业人员期末人数（人）
全　省	**3852**	**31666**
南昌市	406	2950
景德镇市	201	1763
萍乡市	17	272
九江市	372	3581
新余市	146	957
鹰潭市	197	1615
赣州市	968	6490
吉安市	362	3047
宜春市	481	5549
抚州市	233	2431
上饶市	469	3011

1-B-2 续表 1

(食品、饮料及烟草制品批发)

地　区	法人单位数（个）	从业人员期末人数（人）
全　省	**6657**	**68013**
南昌市	1095	10290
景德镇市	215	2620
萍乡市	85	971
九江市	594	7903
新余市	233	1684
鹰潭市	236	1707
赣州市	1878	14825
吉安市	541	5110
宜春市	511	7232
抚州市	512	9835
上饶市	757	5836

1-B-2 续表 2

(纺织服装及家庭用品批发)

地　区	法人单位数（个）	从业人员期末人数（人）
全　省	**6062**	**44187**
南昌市	1393	8371
景德镇市	68	548
萍乡市	84	421
九江市	1116	12683
新余市	749	4434
鹰潭市	173	1006
赣州市	1026	6858
吉安市	314	2244
宜春市	399	3110
抚州市	156	793
上饶市	584	3719

1-B-2　续表 3

(文化、体育用品及器材批发)

地　区	法人单位数 (个)	从业人员期末人数 (人)
全　省	**1471**	**9179**
南 昌 市	585	3213
景德镇市	14	121
萍 乡 市	35	155
九 江 市	118	1615
新 余 市	126	703
鹰 潭 市	58	322
赣 州 市	171	1221
吉 安 市	62	347
宜 春 市	114	669
抚 州 市	54	146
上 饶 市	134	667

1-B-2　续表 4

(医药及医疗器材批发)

地　区	法人单位数 (个)	从业人员期末人数 (人)
全　省	**4435**	**61499**
南 昌 市	2102	18909
景德镇市	28	242
萍 乡 市	80	1040
九 江 市	305	3719
新 余 市	158	1508
鹰 潭 市	62	1387
赣 州 市	301	3033
吉 安 市	326	5355
宜 春 市	673	21803
抚 州 市	150	1521
上 饶 市	250	2982

1-B-2 续表 5

(矿产品、建材及化工产品批发)

地　区	法人单位数(个)	从业人员期末人数(人)
全　省	**19856**	**143137**
南昌市	2336	23424
景德镇市	336	3617
萍乡市	662	4682
九江市	2946	25403
新余市	2391	13625
鹰潭市	565	4455
赣州市	3718	24790
吉安市	1197	7184
宜春市	1910	16232
抚州市	1397	6037
上饶市	2398	13688

1-B-2 续表 6

(机械设备、五金产品及电子产品批发)

地　区	法人单位数(个)	从业人员期末人数(人)
全　省	**8644**	**57201**
南昌市	2918	19846
景德镇市	91	942
萍乡市	156	722
九江市	1054	9737
新余市	855	4747
鹰潭市	281	1787
赣州市	1215	7692
吉安市	481	2540
宜春市	648	4534
抚州市	265	1023
上饶市	680	3631

1-B-2　续表 7

(贸易经纪与代理)

地　　区	法人单位数 (个)	从业人员期末人数 (人)
全　　省	**5283**	**33071**
南 昌 市	2286	14960
景德镇市	49	478
萍 乡 市	181	911
九 江 市	471	4156
新 余 市	465	2688
鹰 潭 市	168	868
赣 州 市	600	3876
吉 安 市	221	821
宜 春 市	289	1923
抚 州 市	152	691
上 饶 市	401	1699

1-B-2　续表 8

(其他批发业)

地　　区	法人单位数 (个)	从业人员期末人数 (人)
全　　省	**5965**	**36889**
南 昌 市	1111	5731
景德镇市	127	1311
萍 乡 市	275	1705
九 江 市	837	7450
新 余 市	680	4054
鹰 潭 市	180	1109
赣 州 市	815	5007
吉 安 市	377	2185
宜 春 市	629	3948
抚 州 市	249	1463
上 饶 市	685	2926

1-B-3 分地区批发业法人企业基本情况(按登记注册类型分)

(内资企业)

地 区	法人单位数 (个)	从业人员期末人数 (人)
全 省	**62157**	**483297**
南昌市	14212	106738
景德镇市	1128	11636
萍乡市	1572	10869
九江市	7803	76137
新余市	5798	34377
鹰潭市	1919	14256
赣州市	10680	73551
吉安市	3875	28813
宜春市	5652	64850
抚州市	3166	23928
上饶市	6352	38142

1-B-3 续表 1

(国有企业)

地 区	法人单位数 (个)	从业人员期末人数 (人)
全 省	**613**	**18315**
南昌市	84	2001
景德镇市	19	763
萍乡市	10	496
九江市	113	2122
新余市	21	393
鹰潭市	26	565
赣州市	56	2158
吉安市	97	2887
宜春市	52	2862
抚州市	87	2294
上饶市	48	1774

1-B-3　续表 2

(集体企业)

地　区	法人单位数 (个)	从业人员期末人数 (人)
全　省	**334**	**2370**
南昌市	35	291
景德镇市	14	142
萍乡市	5	27
九江市	72	645
新余市	12	63
鹰潭市	9	44
赣州市	47	169
吉安市	44	199
宜春市	14	88
抚州市	37	323
上饶市	45	379

1-B-3　续表 3

(股份合作企业)

地　区	法人单位数 (个)	从业人员期末人数 (人)
全　省	**47**	**273**
南昌市	34	164
景德镇市		
萍乡市	1	6
九江市		
新余市		
鹰潭市		
赣州市	5	37
吉安市	4	38
宜春市	1	3
抚州市	1	10
上饶市	1	15

1-B-3 续表 4

(联营企业)

地　区	法人单位数 (个)	从业人员期末人数 (人)
全　省	**29**	**475**
南昌市	2	45
景德镇市		
萍乡市		
九江市	6	145
新余市		
鹰潭市	2	
赣州市	9	205
吉安市	1	2
宜春市	5	68
抚州市	3	4
上饶市	1	6

1-B-3 续表 5

(有限责任公司)

地　区	法人单位数 (个)	从业人员期末人数 (人)
全　省	**7435**	**96950**
南昌市	3158	40409
景德镇市	134	1540
萍乡市	178	1476
九江市	632	7288
新余市	729	6538
鹰潭市	175	2735
赣州市	778	6617
吉安市	259	3277
宜春市	563	19175
抚州市	300	2900
上饶市	529	4995

1-B-3　续表 6

(股份有限公司)

地　区	法人单位数(个)	从业人员期末人数(人)
全　省	**1034**	**13413**
南昌市	233	2197
景德镇市	11	604
萍乡市	35	658
九江市	82	1830
新余市	98	1083
鹰潭市	17	148
赣州市	227	2163
吉安市	65	1252
宜春市	91	1663
抚州市	26	566
上饶市	149	1249

1-B-3　续表 7

(私营企业)

地　区	法人单位数(个)	从业人员期末人数(人)
全　省	**49389**	**325756**
南昌市	10201	56278
景德镇市	692	6669
萍乡市	1341	8202
九江市	6794	63436
新余市	4914	26190
鹰潭市	1507	9864
赣州市	8511	56714
吉安市	3134	19723
宜春市	4694	39450
抚州市	2446	12112
上饶市	5155	27118

1-B-3 续表 8

(其他企业)

地　区	法人单位数（个）	从业人员期末人数（人）
全　省	**3276**	**25745**
南昌市	465	5353
景德镇市	258	1918
萍乡市	2	4
九江市	104	671
新余市	24	110
鹰潭市	183	900
赣州市	1047	5488
吉安市	271	1435
宜春市	232	1541
抚州市	266	5719
上饶市	424	2606

1-B-3 续表 9

(港、澳、台商投资企业)

地　区	法人单位数（个）	从业人员期末人数（人）
全　省	**33**	**593**
南昌市	9	268
景德镇市		
萍乡市	1	3
九江市	3	49
新余市	3	12
鹰潭市		
赣州市	9	229
吉安市	5	19
宜春市		
抚州市	2	12
上饶市	1	1

1-B-3　续表 10

(外商投资企业)

地　区	法人单位数 (个)	从业人员期末人数 (人)
全　省	**35**	**952**
南 昌 市	11	688
景德镇市	1	6
萍 乡 市	2	7
九 江 市	7	61
新 余 市	2	11
鹰 潭 市	1	
赣 州 市	3	12
吉 安 市	1	1
宜 春 市	2	150
抚 州 市		
上 饶 市	5	16

1-B-4　分地区批发业法人企业财务状况

单位：万元

地　区	资产总计	负债合计	营业收入
全　省	**42142938**	**24349882**	**68865460**
南 昌 市	20824965	14017186	30340943
景德镇市	442853	174167	1034964
萍 乡 市	1048397	538479	2255169
九 江 市	3454813	1511358	6233818
新 余 市	1602449	346437	3411965
鹰 潭 市	1207834	789688	3183483
赣 州 市	3257853	1475980	5476436
吉 安 市	2323772	1322042	3562380
宜 春 市	3881856	1752561	7161739
抚 州 市	1028559	462789	2070659
上 饶 市	3069588	1959194	4133905

1-B-5 分地区批发业法人企业财务状况(按国民经济行业分)

(农、林、牧、渔产品批发) 单位：万元

地　区	资产总计	负债合计	营业收入
全　省	**1599938**	**740039**	**1739710**
南昌市	331704	207931	495184
景德镇市	63015	25149	54206
萍乡市	18020	4421	6889
九江市	172991	62552	209498
新余市	52842	13557	73036
鹰潭市	32546	16061	34819
赣州市	245491	91539	229273
吉安市	122132	56230	141362
宜春市	281538	108001	235634
抚州市	180907	121336	142185
上饶市	98751	33265	117625

1-B-5 续表 1

(食品、饮料及烟草制品批发) 单位：万元

地　区	资产总计	负债合计	营业收入
全　省	**4803065**	**1943970**	**8169609**
南昌市	1438352	871062	1728158
景德镇市	129873	33033	233994
萍乡市	101243	22878	227248
九江市	431135	103458	902407
新余市	116270	28184	237974
鹰潭市	111579	39691	191222
赣州市	675947	233613	1232887
吉安市	302593	80969	797618
宜春市	713667	291027	1143736
抚州市	344607	104233	703959
上饶市	437798	135822	770406

1-B-5　续表 2

(纺织、服装及家庭用品批发)　　单位：万元

地　区	资产总计	负债合计	营业收入
全　省	**2128839**	**1206015**	**3543432**
南昌市	1144011	916390	1863181
景德镇市	12289	5181	36527
萍乡市	10163	4396	29983
九江市	292499	52444	518008
新余市	179373	31970	215698
鹰潭市	43219	26494	42898
赣州市	136828	45349	330397
吉安市	82411	27824	115050
宜春市	119675	54110	163645
抚州市	29942	19131	73951
上饶市	78429	22726	154095

1-B-5　续表 3

(文化、体育用品及器材批发)　　单位：万元

地　区	资产总计	负债合计	营业收入
全　省	**548187**	**264739**	**857310**
南昌市	342796	201809	571080
景德镇市	1305	329	3105
萍乡市	6731	3553	23776
九江市	37099	7179	94055
新余市	19713	1932	32979
鹰潭市	13781	2394	14952
赣州市	24367	9161	30761
吉安市	12301	1796	13816
宜春市	35245	14723	40192
抚州市	1358	503	3147
上饶市	53491	21361	29448

1-B-5 续表 4

(医药及医疗器材批发) 单位：万元

地　区	资产总计	负债合计	营业收入
全　省	**5604738**	**3775649**	**9560178**
南昌市	2684894	1988253	4226316
景德镇市	3710	999	5271
萍乡市	184700	129138	159184
九江市	225777	95423	455220
新余市	97768	56744	244690
鹰潭市	74450	57121	154163
赣州市	350515	212725	270511
吉安市	347790	182982	862920
宜春市	1272320	786640	2674030
抚州市	109170	75636	167191
上饶市	253643	189988	340682

1-B-5 续表 5

(矿产品、建材及化工产品批发) 单位：万元

地　区	资产总计	负债合计	营业收入
全　省	**19141203**	**11627389**	**29157465**
南昌市	10197002	6545355	12282226
景德镇市	144067	60330	517349
萍乡市	495836	263606	1371736
九江市	1631897	1019954	2776939
新余市	679359	155034	1731986
鹰潭市	672632	477752	1895147
赣州市	1308263	646313	2785012
吉安市	1179570	856347	1221674
宜春市	917394	280550	1772417
抚州市	266014	98316	791831
上饶市	1649168	1223833	2011148

1-B-5　续表 6

(机械设备、五金产品及电子产品批发)　　单位：万元

地　区	资产总计	负债合计	营业收入
全　省	**4600477**	**3019848**	**8741287**
南 昌 市	2951576	2271168	5825004
景德镇市	39017	20329	81813
萍 乡 市	34640	16784	60760
九 江 市	327019	103144	636975
新 余 市	195950	19096	389623
鹰 潭 市	88448	46809	183994
赣 州 市	226468	96836	321442
吉 安 市	96539	29645	160349
宜 春 市	268664	129120	615300
抚 州 市	38763	24660	37535
上 饶 市	333393	262258	428493

1-B-5　续表 7

(贸易经纪与代理)　　单位：万元

地　区	资产总计	负债合计	营业收入
全　省	**1793270**	**919086**	**3923431**
南 昌 市	1197158	717178	2738236
景德镇市	18436	7513	14079
萍 乡 市	56263	33090	108647
九 江 市	125152	14246	239567
新 余 市	94814	18793	190249
鹰 潭 市	38632	22583	213215
赣 州 市	84079	46930	111438
吉 安 市	30384	10460	52060
宜 春 市	79220	31047	119272
抚 州 市	20848	5546	78513
上 饶 市	48283	11699	58156

1-B-5 续表 8

(其他批发业) 单位：万元

地　区	资产总计	负债合计	营业收入
全　省	**1923221**	**853146**	**3173038**
南昌市	537472	298040	611559
景德镇市	31139	21304	88620
萍乡市	140799	60614	266947
九江市	211242	52959	401150
新余市	166361	21127	295731
鹰潭市	132547	100784	453073
赣州市	205896	93515	164715
吉安市	150052	75789	197531
宜春市	194132	57342	397512
抚州市	36948	13429	72346
上饶市	116632	58243	223853

1-B-6 分地区批发业法人企业财务状况(按登记注册类型分)

(内资企业) 单位：万元

地　区	资产总计	负债合计	营业收入
全　省	**41739696**	**24155186**	**68235347**
南昌市	20507898	13849718	29798783
景德镇市	442763	174160	1034655
萍乡市	1048373	538278	2254831
九江市	3452653	1510468	6230599
新余市	1601751	346295	3410451
鹰潭市	1207834	789688	3183483
赣州市	3249862	1472214	5465817
吉安市	2291303	1314445	3550045
宜春市	3872779	1745408	7138697
抚州市	1027549	462603	2068400
上饶市	3036932	1951909	4099587

1-B-6　续表 1

(国有企业)　　单位：万元

地　区	资产总计	负债合计	营业收入
全　省	**3170197**	**1006434**	**5137694**
南昌市	1068771	274401	822940
景德镇市	100489	33154	207574
萍乡市	81559	16667	201348
九江市	302968	113050	577414
新余市	54574	10420	165449
鹰潭市	132000	65695	444746
赣州市	296579	77244	729032
吉安市	233730	76301	432104
宜春市	285220	87735	524668
抚州市	306420	165991	368757
上饶市	307888	85777	663662

1-B-6　续表 2

(集体企业)　　单位：万元

地　区	资产总计	负债合计	营业收入
全　省	**66962**	**21345**	**117561**
南昌市	7890	4600	12065
景德镇市	2811	1723	1201
萍乡市	718	246	3336
九江市	24130	4782	46369
新余市	2456	252	2944
鹰潭市	472	100	1136
赣州市	4148	773	4029
吉安市	9180	4452	12461
宜春市	2052	1169	8242
抚州市	3490	601	6569
上饶市	9615	2647	19209

1-B-6 续表 3

(股份合作企业)　　单位：万元

地　区	资产总计	负债合计	营业收入
全　省	**13678**	**6519**	**21795**
南昌市	11889	6290	17625
景德镇市			
萍乡市	18	4	31
九江市			
新余市			
鹰潭市			
赣州市	568	149	3207
吉安市	796	20	610
宜春市	260		137
抚州市	136	57	126
上饶市	11		58

1-B-6 续表 4

(联营企业)　　单位：万元

地　区	资产总计	负债合计	营业收入
全　省	**9089**	**2433**	**12775**
南昌市	276	96	1512
景德镇市			
萍乡市			
九江市	4833	28	6135
新余市			
鹰潭市			
赣州市	1124	177	3706
吉安市	61	32	52
宜春市	2405	2075	830
抚州市	374	26	55
上饶市	16		486

1-B-6　续表 5

(有限责任公司)　　单位：万元

地　区	资产总计	负债合计	营业收入
全　省	**18101949**	**13204127**	**25357716**
南 昌 市	12856136	9498780	16438408
景德镇市	83375	49084	178696
萍 乡 市	229004	148093	669428
九 江 市	793154	724449	912569
新 余 市	191051	51536	389903
鹰 潭 市	519896	399867	1433019
赣 州 市	665677	459937	989076
吉 安 市	215420	134689	364079
宜 春 市	1368175	812416	2279531
抚 州 市	191128	87105	528010
上 饶 市	988933	838170	1175000

1-B-6　续表 6

(股份有限公司)　　单位：万元

地　区	资产总计	负债合计	营业收入
全　省	**3022243**	**1687561**	**4627947**
南 昌 市	1130693	641816	916746
景德镇市	47422	19542	245158
萍 乡 市	78695	38064	245590
九 江 市	204791	108891	559661
新 余 市	89580	32535	226443
鹰 潭 市	4945	300	6136
赣 州 市	314224	70124	1138931
吉 安 市	795435	685871	510314
宜 春 市	184033	6495	535354
抚 州 市	31249	21654	84803
上 饶 市	141177	62268	158809

1-B-6 续表 7

(私营企业) 单位：万元

地区	资产总计	负债合计	营业收入
全省	**16927959**	**8132392**	**32076726**
南昌市	5329213	3385979	11134622
景德镇市	170805	64799	368942
萍乡市	658110	335205	1134987
九江市	2100620	552065	4108835
新余市	1261661	251210	2618798
鹰潭市	528531	322390	1284383
赣州市	1879937	847428	2494056
吉安市	1011489	408402	2203046
宜春市	1988890	824820	3727082
抚州市	444622	185221	944697
上饶市	1554079	954873	2057279

1-B-6 续表 8

(其他企业) 单位：万元

地区	资产总计	负债合计	营业收入
全省	**427620**	**94374**	**883134**
南昌市	103030	37755	454864
景德镇市	37860	5858	33083
萍乡市	269	0	112
九江市	22157	7203	19616
新余市	2429	341	6914
鹰潭市	21990	1337	14065
赣州市	87604	16382	103780
吉安市	25192	4678	27380
宜春市	41744	10698	62854
抚州市	50132	1948	135382
上饶市	35213	8173	25084

1-B-6　续表 9

(港、澳、台商投资企业)　　单位：万元

地　区	资产总计	负债合计	营业收入
全　省	**159135**	**53536**	**173380**
南 昌 市	86270	34395	112634
景德镇市			
萍 乡 市	5	200	21
九 江 市	487	78	1305
新 余 市	432	141	738
鹰 潭 市			
赣 州 市	7804	3756	10389
吉 安 市	31257	7598	12336
宜 春 市			
抚 州 市	1009	186	2259
上 饶 市	31870	7182	33698

1-B-6　续表 10

(外商投资企业)　　单位：万元

地　区	资产总计	负债合计	营业收入
全　省	**244106**	**141160**	**456734**
南 昌 市	230797	133073	429526
景德镇市	90	7	309
萍 乡 市	18	1	317
九 江 市	1672	811	1913
新 余 市	266		777
鹰 潭 市			
赣 州 市	188	10	230
吉 安 市	1212		
宜 春 市	9077	7153	23042
抚 州 市			
上 饶 市	786	104	620

1-B-7 分地区零售业法人企业基本情况

地　区	法人单位数 (个)	从业人员期末人数 (人)
全　省	**57526**	**439138**
南昌市	6010	72593
景德镇市	3027	28082
萍乡市	1145	9952
九江市	6672	59976
新余市	3471	16781
鹰潭市	2343	14069
赣州市	12570	92551
吉安市	5403	38502
宜春市	5113	37916
抚州市	3760	21403
上饶市	8012	47313

1-B-8 分地区零售业法人企业基本情况(按国民经济行业分)

(综合零售)

地　区	法人单位数 (个)	从业人员期末人数 (人)
全　省	**6421**	**83836**
南昌市	415	15825
景德镇市	210	2218
萍乡市	107	2614
九江市	1198	15186
新余市	400	2650
鹰潭市	263	1795
赣州市	1163	14022
吉安市	577	9229
宜春市	529	6708
抚州市	341	2605
上饶市	1218	10984

1-B-8　续表 1

(食品、饮料及烟草制品专门零售)

地　区	法人单位数 (个)	从业人员期末人数 (人)
全　省	**5694**	**43917**
南昌市	564	6889
景德镇市	301	2016
萍乡市	79	592
九江市	571	4280
新余市	156	1136
鹰潭市	462	2500
赣州市	1492	11525
吉安市	516	3604
宜春市	409	2814
抚州市	413	4432
上饶市	731	4129

1-B-8　续表 2

(纺织、服装及日用品专门零售)

地　区	法人单位数 (个)	从业人员期末人数 (人)
全　省	**5044**	**32026**
南昌市	635	5077
景德镇市	213	1827
萍乡市	71	283
九江市	1101	8926
新余市	425	1914
鹰潭市	255	1316
赣州市	684	4864
吉安市	373	1798
宜春市	420	2246
抚州市	226	804
上饶市	641	2971

1-B-8 续表 3

(文化、体育用品及器材专门零售)

地　区	法人单位数 (个)	从业人员期末人数 (人)
全　省	**2919**	**23509**
南昌市	424	7246
景德镇市	572	6347
萍乡市	48	227
九江市	217	1821
新余市	322	998
鹰潭市	197	1058
赣州市	317	2017
吉安市	208	944
宜春市	194	937
抚州市	135	508
上饶市	285	1406

1-B-8 续表 4

(医药及医疗器材专门零售)

地　区	法人单位数 (个)	从业人员期末人数 (人)
全　省	**5462**	**39137**
南昌市	659	8338
景德镇市	78	615
萍乡市	87	1108
九江市	470	3925
新余市	175	692
鹰潭市	76	485
赣州市	1689	10399
吉安市	654	4241
宜春市	553	3817
抚州市	418	2058
上饶市	603	3459

1-B-8　续表 5

(汽车、摩托车、零配件和燃料及其他动力销售)

地　区	法人单位数 (个)	从业人员期末人数 (人)
全　省	**9027**	**83636**
南昌市	**775**	**14631**
景德镇市	337	3481
萍乡市	333	2987
九江市	917	9165
新余市	300	2331
鹰潭市	224	1844
赣州市	2104	18773
吉安市	1043	7866
宜春市	1060	9394
抚州市	625	4211
上饶市	1309	8953

1-B-8　续表 6

(家用电器及电子产品专门零售)

地　区	法人单位数 (个)	从业人员期末人数 (人)
全　省	**5501**	**37939**
南昌市	859	6425
景德镇市	244	2325
萍乡市	121	663
九江市	614	5383
新余市	276	1402
鹰潭市	223	1489
赣州市	1076	7854
吉安市	547	3358
宜春市	526	3736
抚州市	348	1490
上饶市	667	3814

1-B-8 续表 7

(五金、家具及室内装饰材料专门零售)

地　区	法人单位数（个）	从业人员期末人数（人）
全　省	**8220**	**45549**
南 昌 市	751	3084
景德镇市	736	6150
萍 乡 市	149	724
九 江 市	730	5039
新 余 市	350	1335
鹰 潭 市	356	1521
赣 州 市	2043	12243
吉 安 市	685	3478
宜 春 市	806	4638
抚 州 市	554	2459
上 饶 市	1060	4878

1-B-8 续表 8

(货摊、无店铺及其他零售)

地　区	法人单位数（个）	从业人员期末人数（人）
全　省	**9238**	**49589**
南 昌 市	928	5078
景德镇市	336	3103
萍 乡 市	150	754
九 江 市	854	6251
新 余 市	1067	4323
鹰 潭 市	287	2061
赣 州 市	2002	10854
吉 安 市	800	3984
宜 春 市	616	3626
抚 州 市	700	2836
上 饶 市	1498	6719

1-B-9　分地区零售业法人企业基本情况(按登记注册类型分)

(内资企业)

地　区	法人单位数 (个)	从业人员期末人数 (人)
全　省	**57459**	**429833**
南昌市	5988	65540
景德镇市	3023	27687
萍乡市	1142	9940
九江市	6665	59441
新余市	3470	16776
鹰潭市	2339	14069
赣州市	12560	91887
吉安市	5400	38203
宜春市	5110	37915
抚州市	3755	21199
上饶市	8007	47176

1-B-9　续表 1

(国有企业)

地　区	法人单位数 (个)	从业人员期末人数 (人)
全　省	**251**	**2913**
南昌市	25	631
景德镇市	18	165
萍乡市	2	6
九江市	44	628
新余市	6	23
鹰潭市	11	44
赣州市	16	281
吉安市	66	718
宜春市	8	57
抚州市	30	249
上饶市	25	111

1-B-9 续表 2

(集体企业)

地　区	法人单位数 (个)	从业人员期末人数 (人)
全　省	**314**	**2303**
南 昌 市	35	328
景德镇市	20	207
萍 乡 市	12	85
九 江 市	65	672
新 余 市	10	99
鹰 潭 市	8	62
赣 州 市	35	199
吉 安 市	53	292
宜 春 市	13	60
抚 州 市	30	104
上 饶 市	33	195

1-B-9 续表 3

(股份合作企业)

地　区	法人单位数 (个)	从业人员期末人数 (人)
全　省	**32**	**343**
南 昌 市	10	145
景德镇市	1	8
萍 乡 市	1	3
九 江 市	4	69
新 余 市	1	3
鹰 潭 市		
赣 州 市	3	19
吉 安 市	4	21
宜 春 市	3	34
抚 州 市	1	
上 饶 市	4	41

1-B-9　续表 4

(联营企业)

地　区	法人单位数 (个)	从业人员期末人数 (人)
全　省	**30**	**193**
南昌市	2	2
景德镇市		
萍乡市	3	11
九江市	8	29
新余市		
鹰潭市		
赣州市	5	34
吉安市	4	69
宜春市	5	43
抚州市	1	2
上饶市	2	3

1-B-9　续表 5

(有限责任公司)

地　区	法人单位数 (个)	从业人员期末人数 (人)
全　省	**6288**	**85720**
南昌市	1326	29586
景德镇市	476	5532
萍乡市	121	3318
九江市	615	8648
新余市	442	3052
鹰潭市	231	2358
赣州市	920	11857
吉安市	429	5651
宜春市	588	5587
抚州市	370	3069
上饶市	770	7062

1-B-9 续表 6

(股份有限公司)

地 区	法人单位数(个)	从业人员期末人数(人)
全 省	**868**	**14375**
南 昌 市	100	5709
景德镇市	37	382
萍 乡 市	28	181
九 江 市	71	1876
新 余 市	44	336
鹰 潭 市	26	165
赣 州 市	205	1492
吉 安 市	102	908
宜 春 市	78	589
抚 州 市	41	236
上 饶 市	136	2501

1-B-9 续表 7

(私营企业)

地 区	法人单位数(个)	从业人员期末人数(人)
全 省	**48367**	**314241**
南 昌 市	4480	29089
景德镇市	2310	20231
萍 乡 市	969	6296
九 江 市	5804	47179
新 余 市	2962	13241
鹰 潭 市	1777	10116
赣 州 市	10983	75358
吉 安 市	4641	29826
宜 春 市	4352	31096
抚 州 市	3185	15310
上 饶 市	6904	36499

1-B-9　续表 8

(其他企业)

地　区	法人单位数(个)	从业人员期末人数(人)
全　省	**1309**	**9745**
南昌市	10	50
景德镇市	161	1162
萍乡市	6	40
九江市	54	340
新余市	5	22
鹰潭市	286	1324
赣州市	393	2647
吉安市	101	718
宜春市	63	449
抚州市	97	2229
上饶市	133	764

1-B-9　续表 9

(港、澳、台商投资企业)

地　区	法人单位数(个)	从业人员期末人数(人)
全　省	**38**	**5392**
南昌市	11	3932
景德镇市	3	35
萍乡市	1	6
九江市	4	513
新余市	1	5
鹰潭市	3	
赣州市	5	634
吉安市	2	5
宜春市	2	
抚州市	3	188
上饶市	3	74

1-B-9 续表 10

(外商投资企业)

地　区	法人单位数（个）	从业人员期末人数（人）
全　省	**29**	**3913**
南 昌 市	11	3121
景德镇市	1	360
萍 乡 市	2	6
九 江 市	3	22
新 余 市		
鹰 潭 市	1	
赣 州 市	5	30
吉 安 市	1	294
宜 春 市	1	1
抚 州 市	2	16
上 饶 市	2	63

1-B-10 分地区零售业法人企业基本情况(按零售业态分)

(有店铺零售)

地　区	法人单位数（个）	从业人员期末人数（人）
全　省	**45696**	**375348**
南 昌 市	4087	63216
景德镇市	2538	24571
萍 乡 市	887	8565
九 江 市	5771	53951
新 余 市	2062	11325
鹰 潭 市	1741	10841
赣 州 市	10793	81283
吉 安 市	4426	32479
宜 春 市	4222	32942
抚 州 市	2864	16334
上 饶 市	6305	39841

注：零售业态普查设计为多选，下表同。

1-B-10　续表 1

(食杂店)

地　区	法人单位数 (个)	从业人员期末人数 (人)
全　省	**2759**	**17570**
南 昌 市	148	1068
景德镇市	96	652
萍 乡 市	53	259
九 江 市	383	2756
新 余 市	206	1434
鹰 潭 市	139	676
赣 州 市	695	4020
吉 安 市	231	1107
宜 春 市	205	1193
抚 州 市	119	419
上 饶 市	484	3986

1-B-10　续表 2

(便利店)

地　区	法人单位数 (个)	从业人员期末人数 (人)
全　省	**3906**	**24729**
南 昌 市	278	2797
景德镇市	194	1498
萍 乡 市	62	269
九 江 市	512	3150
新 余 市	224	815
鹰 潭 市	119	493
赣 州 市	926	6606
吉 安 市	406	3535
宜 春 市	319	1691
抚 州 市	181	792
上 饶 市	685	3083

1-B-10 续表 3

(折扣店)

地 区	法人单位数 (个)	从业人员期末人数 (人)
全 省	**1177**	**7000**
南 昌 市	90	1062
景德镇市	24	348
萍 乡 市	30	424
九 江 市	247	1375
新 余 市	68	257
鹰 潭 市	32	122
赣 州 市	274	1622
吉 安 市	139	625
宜 春 市	76	411
抚 州 市	39	134
上 饶 市	158	620

1-B-10 续表 4

(超市)

地 区	法人单位数 (个)	从业人员期末人数 (人)
全 省	**2180**	**34586**
南 昌 市	156	2625
景德镇市	48	738
萍 乡 市	43	1091
九 江 市	430	7136
新 余 市	73	442
鹰 潭 市	71	852
赣 州 市	542	8497
吉 安 市	215	3878
宜 春 市	221	3794
抚 州 市	77	1532
上 饶 市	304	4001

1-B-10　续表 5

(大型超市)

地　区	法人单位数(个)	从业人员期末人数(人)
全　省	**132**	**21602**
南 昌 市	18	7727
景德镇市	1	60
萍 乡 市	3	158
九 江 市	17	1727
新 余 市	5	233
鹰 潭 市	2	226
赣 州 市	42	3193
吉 安 市	10	2405
宜 春 市	10	1814
抚 州 市	2	242
上 饶 市	22	3817

1-B-10　续表 6

(仓储会员店)

地　区	法人单位数(个)	从业人员期末人数(人)
全　省	**1346**	**9251**
南 昌 市	71	867
景德镇市	58	395
萍 乡 市	24	102
九 江 市	174	1222
新 余 市	52	208
鹰 潭 市	46	347
赣 州 市	327	2247
吉 安 市	148	1087
宜 春 市	106	853
抚 州 市	91	619
上 饶 市	249	1304

1-B-10 续表 7

(百货店)

地 区	法人单位数(个)	从业人员期末人数(人)
全 省	**4937**	**42281**
南昌市	356	7144
景德镇市	264	2594
萍乡市	55	1467
九江市	805	8177
新余市	364	1828
鹰潭市	246	1302
赣州市	1041	8588
吉安市	395	3055
宜春市	451	3729
抚州市	224	1028
上饶市	736	3369

1-B-10 续表 8

(专业店)

地 区	法人单位数(个)	从业人员期末人数(人)
全 省	**18692**	**135916**
南昌市	1866	27110
景德镇市	1151	11186
萍乡市	396	2975
九江市	2051	17899
新余市	642	2754
鹰潭市	639	3439
赣州市	4883	31932
吉安市	1956	10461
宜春市	1650	11011
抚州市	1103	5638
上饶市	2355	11511

1-B-10　续表 9

(专卖店)

地　区	法人单位数(个)	从业人员期末人数(人)
全　省	**13904**	**108920**
南 昌 市	1194	16564
景德镇市	786	7712
萍 乡 市	299	2711
九 江 市	1754	14796
新 余 市	528	3346
鹰 潭 市	449	2858
赣 州 市	3185	23165
吉 安 市	1387	9292
宜 春 市	1341	10544
抚 州 市	1035	5898
上 饶 市	1946	12034

1-B-10　续表 10

(家居建材商店)

地　区	法人单位数(个)	从业人员期末人数(人)
全　省	**2720**	**16413**
南 昌 市	255	1341
景德镇市	134	1074
萍 乡 市	51	227
九 江 市	260	1866
新 余 市	115	610
鹰 潭 市	132	775
赣 州 市	609	4300
吉 安 市	252	1345
宜 春 市	310	1846
抚 州 市	216	979
上 饶 市	386	2050

1-B-10 续表 11

(购物中心)

地　　区	法人单位数 (个)	从业人员期末人数 (人)
全　　省	**667**	**13434**
南 昌 市	56	2913
景德镇市	52	456
萍 乡 市	8	111
九 江 市	116	1482
新 余 市	29	636
鹰 潭 市	18	85
赣 州 市	133	1623
吉 安 市	61	1405
宜 春 市	79	1717
抚 州 市	37	334
上 饶 市	78	2672

1-B-10 续表 12

(厂家直销中心)

地　　区	法人单位数 (个)	从业人员期末人数 (人)
全　　省	**2009**	**18726**
南 昌 市	171	1738
景德镇市	115	1375
萍 乡 市	44	391
九 江 市	261	2103
新 余 市	72	466
鹰 潭 市	81	1038
赣 州 市	499	4446
吉 安 市	206	1706
宜 春 市	176	2375
抚 州 市	106	965
上 饶 市	278	2123

1-B-10　续表 13

(无店铺零售)

地　区	法人单位数 (个)	从业人员期末人数 (人)
全　省	**15062**	**91730**
南昌市	2152	12812
景德镇市	634	5018
萍乡市	296	1715
九江市	1524	12445
新余市	1533	6161
鹰潭市	743	4401
赣州市	2582	18129
吉安市	1275	8135
宜春市	1097	6494
抚州市	1051	6087
上饶市	2175	10333

1-B-10　续表 14

(电视购物)

地　区	法人单位数 (个)	从业人员期末人数 (人)
全　省	**130**	**1530**
南昌市	11	571
景德镇市	6	50
萍乡市	3	14
九江市	64	701
新余市		
鹰潭市	2	9
赣州市	13	91
吉安市	5	32
宜春市	2	5
抚州市	11	36
上饶市	13	21

1-B-10 续表 15

(邮购)

地　区	法人单位数 (个)	从业人员期末人数 (人)
全　省	**553**	**3081**
南 昌 市	60	406
景德镇市	19	173
萍 乡 市	8	71
九 江 市	97	575
新 余 市	19	126
鹰 潭 市	16	141
赣 州 市	72	475
吉 安 市	46	210
宜 春 市	29	172
抚 州 市	40	119
上 饶 市	147	613

1-B-10 续表 16

(网上商店)

地　区	法人单位数 (个)	从业人员期末人数 (人)
全　省	**5310**	**31866**
南 昌 市	433	4404
景德镇市	151	1407
萍 乡 市	53	234
九 江 市	760	6467
新 余 市	873	3676
鹰 潭 市	143	1514
赣 州 市	953	5265
吉 安 市	433	2198
宜 春 市	254	1473
抚 州 市	403	1302
上 饶 市	854	3926

1-B-10　续表 17

(自动售货亭)

地　区	法人单位数 (个)	从业人员期末人数 (人)
全　省	**215**	**1477**
南昌市	10	24
景德镇市	8	71
萍乡市	1	2
九江市	47	531
新余市	29	90
鹰潭市	13	75
赣州市	34	231
吉安市	14	123
宜春市	9	61
抚州市	18	99
上饶市	32	170

1-B-10　续表 18

(电话购物)

地　区	法人单位数 (个)	从业人员期末人数 (人)
全　省	**446**	**2515**
南昌市	49	167
景德镇市	49	319
萍乡市	5	35
九江市	87	667
新余市	13	124
鹰潭市	15	99
赣州市	66	393
吉安市	38	148
宜春市	23	79
抚州市	36	214
上饶市	65	270

1-B-10 续表 19

(其他)

地 区	法人单位数(个)	从业人员期末人数(人)
全 省	**10404**	**63670**
南 昌 市	1789	8349
景德镇市	495	3664
萍 乡 市	249	1487
九 江 市	861	7362
新 余 市	712	2734
鹰 潭 市	641	3316
赣 州 市	1741	13486
吉 安 市	893	6234
宜 春 市	888	5270
抚 州 市	719	4960
上 饶 市	1416	6808

1-B-11 分地区零售业法人企业财务状况

单位：万元

地 区	资产总计	负债合计	营业收入
全 省	**20168081**	**10534394**	**30446668**
南 昌 市	6712692	4321736	10140661
景德镇市	1231616	654804	1251681
萍 乡 市	403706	194075	666924
九 江 市	1894788	797340	3271178
新 余 市	452642	142361	1123247
鹰 潭 市	451971	260941	764042
赣 州 市	3202159	1625940	4221177
吉 安 市	1961354	734036	2498089
宜 春 市	1445014	668040	2240462
抚 州 市	678426	336888	1240971
上 饶 市	1733712	798234	3028235

1-B-12　分地区零售业法人企业财务状况(按国民经济行业分)

(综合零售)　　单位：万元

地　区	资产总计	负债合计	营业收入
全　省	**3151251**	**2023363**	**4391141**
南昌市	1196065	904220	1483098
景德镇市	34600	16731	97090
萍乡市	47266	28356	75971
九江市	538825	316033	748447
新余市	83320	47366	169855
鹰潭市	88136	112121	79946
赣州市	359294	185238	512670
吉安市	290965	153283	385213
宜春市	211288	122354	327763
抚州市	54275	29975	71486
上饶市	247217	107686	439602

1-B-12　续表 1

(食品、饮料及烟草制品专门零售)　　单位：万元

地　区	资产总计	负债合计	营业收入
全　省	**1399799**	**467322**	**1742051**
南昌市	435006	173207	466410
景德镇市	58159	15668	92362
萍乡市	21954	5777	25563
九江市	84117	14481	135385
新余市	38128	7904	74488
鹰潭市	54421	12433	85919
赣州市	283127	96443	365082
吉安市	118829	42547	144878
宜春市	112487	34543	120760
抚州市	67731	19201	99523
上饶市	125840	45119	131681

1-B-12 续表 2

(纺织、服装及日用品专门零售) 单位：万元

地 区	资产总计	负债合计	营业收入
全 省	**751175**	**244872**	**1114451**
南昌市	183564	130536	264139
景德镇市	27229	5838	62127
萍乡市	4414	348	7024
九江市	173934	12481	198844
新余市	43884	3720	77690
鹰潭市	29842	11154	92576
赣州市	125685	27630	163808
吉安市	36096	8921	63700
宜春市	57325	25256	70871
抚州市	15638	5241	18945
上饶市	53564	13747	94726

1-B-12 续表 3

(文化、体育用品及器材专门零售) 单位：万元

地 区	资产总计	负债合计	营业收入
全 省	**2493685**	**1230943**	**1668949**
南昌市	1424263	621798	1071123
景德镇市	663146	411853	203676
萍乡市	10890	4540	11408
九江市	28578	4834	52432
新余市	21415	2483	60105
鹰潭市	29549	6865	42498
赣州市	179869	144096	66489
吉安市	21390	5464	39783
宜春市	29706	5218	32572
抚州市	17830	6493	26627
上饶市	67051	17300	62235

1-B-12　续表 4

(医药及医疗器材专门零售)　单位：万元

地　区	资产总计	负债合计	营业收入
全　省	**1026777**	**552152**	**1537247**
南 昌 市	337210	269347	384951
景德镇市	9825	3417	21509
萍 乡 市	43645	21052	58142
九 江 市	88340	32190	149970
新 余 市	17789	1718	31870
鹰 潭 市	9838	2913	13685
赣 州 市	193659	92984	345664
吉 安 市	114678	53636	208092
宜 春 市	97191	37851	154435
抚 州 市	26421	10781	47384
上 饶 市	88181	26264	121544

1-B-12　续表 5

(汽车、摩托车、零配件和燃料及其他动力销售)　单位：万元

地　区	资产总计	负债合计	营业收入
全　省	**6769798**	**3870635**	**12351364**
南 昌 市	1984975	1358589	4449770
景德镇市	196886	106196	352711
萍 乡 市	187305	109868	352992
九 江 市	563312	314283	1203855
新 余 市	111852	62432	302169
鹰 潭 市	104845	55998	195571
赣 州 市	1220191	698584	1665073
吉 安 市	1074580	370272	1084225
宜 春 市	527294	293847	975045
抚 州 市	284097	199182	658967
上 饶 市	514461	301384	1110987

1-B-12 续表 6

(家用电器及电子产品专门零售) 单位：万元

地 区	资产总计	负债合计	营业收入
全 省	**1301260**	**690835**	**2425360**
南 昌 市	522912	383403	851544
景德镇市	40378	11708	110031
萍 乡 市	22090	7320	46485
九 江 市	128945	32545	302187
新 余 市	32712	6354	69985
鹰 潭 市	34052	23598	83549
赣 州 市	173922	77211	291605
吉 安 市	78478	25228	170055
宜 春 市	104893	43458	188762
抚 州 市	44805	22777	75288
上 饶 市	118073	57233	235869

1-B-12 续表 7

(五金、家具及室内装饰材料专门零售) 单位：万元

地 区	资产总计	负债合计	营业收入
全 省	**1439167**	**580662**	**1880871**
南 昌 市	250339	196834	195938
景德镇市	134719	66225	201812
萍 乡 市	30566	7537	35804
九 江 市	143169	37930	195878
新 余 市	37040	4739	64365
鹰 潭 市	43560	16155	69347
赣 州 市	296573	112265	465313
吉 安 市	101262	29109	165650
宜 春 市	149365	36790	202770
抚 州 市	68394	15464	93414
上 饶 市	184178	57615	190581

1-B-12　续表 8

(货摊、无店铺及其他零售业)　　单位：万元

地　区	资产总计	负债合计	营业收入
全　省	**1835170**	**873610**	**3335233**
南昌市	378359	283803	973687
景德镇市	66673	17166	110363
萍乡市	35577	9277	53535
九江市	145569	32563	284180
新余市	66502	5646	272721
鹰潭市	57729	19703	100951
赣州市	369838	191489	345473
吉安市	125075	45577	236493
宜春市	155465	68723	167484
抚州市	99235	27774	149336
上饶市	335147	171886	641010

1-B-13　分地区零售业法人企业财务状况(按登记注册类型分)

(内资企业)　　单位：万元

地　区	资产总计	负债合计	营业收入
全　省	**19636431**	**10051135**	**29476165**
南昌市	6283754	3912440	9313289
景德镇市	1221510	645909	1217407
萍乡市	403495	194064	666699
九江市	1864278	779116	3223642
新余市	452537	142337	1122982
鹰潭市	451971	260941	764042
赣州市	3164754	1597914	4185025
吉安市	1957073	731290	2492016
宜春市	1445014	668040	2240462
抚州市	674908	332971	1228744
上饶市	1717135	786112	3021857

1-B-13 续表 1

(国有企业) 单位：万元

地　区	资产总计	负债合计	营业收入
全　省	**137068**	**68324**	**141025**
南昌市	45126	30310	40239
景德镇市	8565	5417	25619
萍乡市	244		95
九江市	19537	4953	18083
新余市	364	34	1152
鹰潭市	1587	134	3112
赣州市	5948	3743	23514
吉安市	26053	11352	16381
宜春市	691	78	955
抚州市	10537	5068	6132
上饶市	18416	7234	5743

1-B-13 续表 2

(集体企业) 单位：万元

地　区	资产总计	负债合计	营业收入
全　省	**54970**	**16945**	**98211**
南昌市	6144	3042	7712
景德镇市	4731	2133	5373
萍乡市	3307	456	2314
九江市	16588	6382	51950
新余市	1127	100	5073
鹰潭市	364	32	1924
赣州市	7322	569	4547
吉安市	8084	2733	9305
宜春市	2652	629	3334
抚州市	2077	639	3021
上饶市	2574	230	3659

1-B-13　续表 3

(股份合作企业)　　单位：万元

地　区	资产总计	负债合计	营业收入
全　省	**11550**	**2999**	**28006**
南昌市	5228	2363	21295
景德镇市	134	4	329
萍乡市	8		109
九江市	2237	77	3253
新余市	156		154
鹰潭市			
赣州市	343	237	619
吉安市	527	49	856
宜春市	2241	54	752
抚州市			
上饶市	676	217	639

1-B-13　续表 4

(联营企业)　　单位：万元

地　区	资产总计	负债合计	营业收入
全　省	**3411**	**825**	**4725**
南昌市	27		34
景德镇市			
萍乡市	114	5	337
九江市	470	39	837
新余市			
鹰潭市			
赣州市	1034	552	1301
吉安市	852	47	1074
宜春市	877	176	1065
抚州市	6		10
上饶市	31	7	68

1-B-13 续表 5

(有限责任公司) 单位：万元

地 区	资产总计	负债合计	营业收入
全 省	**7127036**	**4080814**	**10180687**
南 昌 市	3478934	2131425	5725735
景德镇市	715887	460556	328508
萍 乡 市	129116	75171	194862
九 江 市	375977	170475	842023
新 余 市	89130	39986	185093
鹰 潭 市	137768	131868	232981
赣 州 市	658255	421654	892108
吉 安 市	750997	165633	381461
宜 春 市	213667	96044	371957
抚 州 市	189864	137082	333790
上 饶 市	387441	250921	692169

1-B-13 续表 6

(股份有限公司) 单位：万元

地 区	资产总计	负债合计	营业收入
全 省	**1285670**	**816380**	**1222526**
南 昌 市	775561	431764	586139
景德镇市	10184	1262	12512
萍 乡 市	8035	5130	18608
九 江 市	281191	224116	225664
新 余 市	5750	627	9618
鹰 潭 市	11830	8152	8586
赣 州 市	46608	23388	68223
吉 安 市	61323	86654	129812
宜 春 市	24434	8039	29733
抚 州 市	4104	592	6083
上 饶 市	56650	26657	127549

1-B-13　续表 7

(私营企业)　　单位：万元

地　区	资产总计	负债合计	营业收入
全　省	**10890307**	**5051511**	**17644641**
南 昌 市	1972229	1313518	2931197
景德镇市	467468	175034	832533
萍 乡 市	261337	112905	449048
九 江 市	1161394	371998	2073462
新 余 市	355647	101548	921501
鹰 潭 市	276605	118503	495952
赣 州 市	2406629	1144557	3144293
吉 安 市	1100017	463095	1941394
宜 春 市	1195111	562042	1827819
抚 州 市	453289	188950	844510
上 饶 市	1240579	499360	2182931

1-B-13　续表 8

(其他企业)　　单位：万元

地　区	资产总计	负债合计	营业收入
全　省	**126419**	**13337**	**156344**
南 昌 市	505	18	938
景德镇市	14541	1504	12532
萍 乡 市	1334	397	1327
九 江 市	6884	1078	8371
新 余 市	363	42	390
鹰 潭 市	23817	2252	21487
赣 州 市	38615	3215	50421
吉 安 市	9222	1727	11732
宜 春 市	5342	978	4847
抚 州 市	15031	640	35198
上 饶 市	10767	1487	9099

1-B-13 续表 9

(港、澳、台商投资企业) 单位：万元

地　区	资产总计	负债合计	营业收入
全　省	**381676**	**341047**	**619054**
南 昌 市	305791	286217	519759
景德镇市	371	171	911
萍 乡 市	79		33
九 江 市	30130	18213	47011
新 余 市	105	25	265
鹰 潭 市			
赣 州 市	34522	26444	34660
吉 安 市	487		840
宜 春 市			
抚 州 市	3260	3914	11997
上 饶 市	6932	6063	3578

1-B-13 续表 10

(外商投资企业) 单位：万元

地　区	资产总计	负债合计	营业收入
全　省	**149974**	**142212**	**351449**
南 昌 市	123147	123079	307613
景德镇市	9734	8723	33364
萍 乡 市	132	11	192
九 江 市	381	11	525
新 余 市			
鹰 潭 市			
赣 州 市	2883	1582	1492
吉 安 市	3794	2746	5233
宜 春 市			
抚 州 市	258	3	230
上 饶 市	9645	6059	2800

1-B-14　分地区零售业法人企业财务状况(按零售业态分)

(有店铺零售)　　单位：万元

地　区	资产总计	负债合计	营业收入
全　省	**17570865**	**9170169**	**25567354**
南昌市	5843897	3723324	8505342
景德镇市	1137091	621459	1109631
萍乡市	308188	146594	540283
九江市	1730615	744935	2907156
新余市	359190	129619	763680
鹰潭市	364329	234777	638156
赣州市	2897677	1499312	3800089
吉安市	1732486	562420	1980422
宜春市	1245122	586690	1933826
抚州市	560729	292980	970846
上饶市	1391542	628060	2417923

1-B-14　续表 1

(食杂店)　　单位：万元

地　区	资产总计	负债合计	营业收入
全　省	**368019**	**115090**	**547969**
南昌市	33143	24076	53677
景德镇市	23045	4726	20734
萍乡市	8661	2291	15969
九江市	45340	8527	78783
新余市	28560	1728	48837
鹰潭市	11428	2287	20501
赣州市	80874	20866	106864
吉安市	21230	6436	40513
宜春市	30013	7841	41911
抚州市	9374	3576	14529
上饶市	76351	32735	105652

1-B-14 续表 2

(便利店) 单位：万元

地　区	资产总计	负债合计	营业收入
全　省	**720532**	**278738**	**1140666**
南昌市	115997	64580	328865
景德镇市	44488	16798	69884
萍乡市	9834	2177	12763
九江市	69714	10796	92737
新余市	20472	1184	35133
鹰潭市	12585	4329	30310
赣州市	171266	57741	233043
吉安市	75069	26278	103848
宜春市	48599	10145	83837
抚州市	20248	4443	32735
上饶市	132260	80266	117513

1-B-14 续表 3

(折扣店) 单位：万元

地　区	资产总计	负债合计	营业收入
全　省	**183935**	**53982**	**214413**
南昌市	35709	25944	40792
景德镇市	10395	1244	8917
萍乡市	6963	2099	9299
九江市	22332	3665	41673
新余市	5129	277	8738
鹰潭市	4191	1843	4884
赣州市	34227	7726	38020
吉安市	33688	5608	27418
宜春市	11938	3483	12856
抚州市	2004	522	2912
上饶市	17358	1572	18904

1-B-14　续表 4

(超市)　　单位：万元

地　区	资产总计	负债合计	营业收入
全　省	**1120041**	**638320**	**1790622**
南 昌 市	160364	123226	255674
景德镇市	10209	4967	33180
萍 乡 市	23542	14156	40212
九 江 市	361953	241115	491451
新 余 市	12053	2488	15088
鹰 潭 市	15719	6569	40068
赣 州 市	206027	108299	340081
吉 安 市	71844	33294	145610
宜 春 市	111870	41606	160097
抚 州 市	32175	15827	47428
上 饶 市	114287	46773	221733

1-B-14　续表 5

(大型超市)　　单位：万元

地　区	资产总计	负债合计	营业收入
全　省	**981340**	**771977**	**1382721**
南 昌 市	441738	429318	639075
景德镇市	130	597	2071
萍 乡 市	1204	961	5992
九 江 市	54053	39034	57475
新 余 市	12102	8726	12980
鹰 潭 市	5148	4672	15000
赣 州 市	127531	74018	180034
吉 安 市	174832	96044	182629
宜 春 市	100724	84747	123247
抚 州 市	3647	4113	12854
上 饶 市	60230	29747	151363

1-B-14 续表 6

(仓储会员店) 单位：万元

地　区	资产总计	负债合计	营业收入
全　省	**395085**	**151967**	**371687**
南 昌 市	18670	14144	31347
景德镇市	6462	2035	13794
萍 乡 市	3150	401	3698
九 江 市	22376	1812	36283
新 余 市	5156	487	7157
鹰 潭 市	13677	2670	13589
赣 州 市	201937	83813	89561
吉 安 市	37789	21554	68622
宜 春 市	21549	4936	30945
抚 州 市	18516	3350	18849
上 饶 市	45804	16767	57842

1-B-14 续表 7

(百货店) 单位：万元

地　区	资产总计	负债合计	营业收入
全　省	**1815138**	**1040205**	**2291332**
南 昌 市	733351	454244	799420
景德镇市	37977	14595	106794
萍 乡 市	25023	15451	36755
九 江 市	389387	245589	416476
新 余 市	66799	33094	152668
鹰 潭 市	76723	102539	56315
赣 州 市	207101	82524	303342
吉 安 市	65340	19425	85273
宜 春 市	96362	38006	186340
抚 州 市	25789	12774	28071
上 饶 市	91287	21963	119878

1-B-14　续表 8

(专业店)　　　　单位：万元

地　区	资产总计	负债合计	营业收入
全　省	**6806166**	**3472075**	**9429177**
南昌市	2684527	1505400	3704377
景德镇市	809874	492038	413316
萍乡市	113910	43821	194528
九江市	527039	188491	969673
新余市	73239	17093	170213
鹰潭市	94267	52783	188258
赣州市	1142772	633603	1463117
吉安市	351560	118460	643958
宜春市	428455	178731	626175
抚州市	180496	80665	282993
上饶市	400027	160989	772570

1-B-14　续表 9

(专卖店)　　　　单位：万元

地　区	资产总计	负债合计	营业收入
全　省	**6007215**	**3141415**	**9658891**
南昌市	1689938	1135753	2859743
景德镇市	224292	97398	480890
萍乡市	134971	72116	254217
九江市	532455	214008	985781
新余市	137801	62886	321876
鹰潭市	105785	62235	208305
赣州市	953101	575846	1286806
吉安市	965630	239428	816083
宜春市	456144	252207	834597
抚州市	274951	170777	554582
上饶市	532148	258762	1056009

1-B-14 续表 10

(家居建材商店) 单位：万元

地　区	资产总计	负债合计	营业收入
全　省	**556044**	**252517**	**754863**
南 昌 市	87716	58645	100951
景德镇市	15740	5631	40108
萍 乡 市	6380	2301	9648
九 江 市	47587	10872	88406
新 余 市	13789	1745	23785
鹰 潭 市	23096	10308	34605
赣 州 市	177371	107203	173057
吉 安 市	38574	12555	79216
宜 春 市	48576	10731	81928
抚 州 市	23018	6636	38324
上 饶 市	74197	25891	84833

1-B-14 续表 11

(购物中心) 单位：万元

地　区	资产总计	负债合计	营业收入
全　省	**702870**	**305303**	**638441**
南 昌 市	360378	144315	234552
景德镇市	9078	1882	25746
萍 乡 市	3507	1418	5967
九 江 市	52762	11269	49952
新 余 市	15566	7458	26580
鹰 潭 市	2816	658	5310
赣 州 市	92094	20877	74582
吉 安 市	24909	15639	53377
宜 春 市	84999	71562	73229
抚 州 市	10964	6833	8812
上 饶 市	45797	23392	80333

1-B-14 续表 12

(厂家直销中心) 单位：万元

地　区	资产总计	负债合计	营业收入
全　省	**771219**	**381811**	**1337142**
南昌市	121982	91391	324894
景德镇市	44909	18052	49698
萍乡市	15207	5915	20764
九江市	64603	22869	116499
新余市	14687	2177	24464
鹰潭市	33297	9531	97367
赣州市	204651	125820	326262
吉安市	85317	32045	91001
宜春市	74227	26890	114749
抚州市	34039	16967	44283
上饶市	78298	30155	127160

1-B-14 续表 13

(无店铺零售) 单位：万元

地　区	资产总计	负债合计	营业收入
全　省	**3772537**	**1845801**	**6381603**
南昌市	1207778	723914	2009006
景德镇市	141601	49793	208233
萍乡市	104958	49625	145614
九江市	323136	77176	530960
新余市	111133	14801	400030
鹰潭市	122313	39245	234132
赣州市	617036	328539	727347
吉安市	295500	197927	640580
宜春市	248899	93921	367906
抚州市	158134	70124	350734
上饶市	442048	200738	767061

1-B-14 续表 14

(电视购物) 单位：万元

地　区	资产总计	负债合计	营业收入
全　省	**78097**	**35412**	**102739**
南 昌 市	44525	34038	85722
景德镇市	1824	307	1780
萍 乡 市	255	77	648
九 江 市	29019	858	11004
新 余 市			
鹰 潭 市	141	17	233
赣 州 市	748	41	1059
吉 安 市	874	5	481
宜 春 市	97	52	83
抚 州 市	236	6	796
上 饶 市	377	10	932

1-B-14 续表 15

(邮购) 单位：万元

地　区	资产总计	负债合计	营业收入
全　省	**88455**	**26064**	**120858**
南 昌 市	12439	5738	22600
景德镇市	19176	10726	5019
萍 乡 市	1703	818	2452
九 江 市	18081	469	11161
新 余 市	2782	418	19508
鹰 潭 市	2512	1178	5656
赣 州 市	8357	1962	12031
吉 安 市	5264	2276	7511
宜 春 市	8680	1160	7105
抚 州 市	1673	128	2655
上 饶 市	7788	1189	25158

1-B-14　续表 16

(网上商店)　　单位：万元

地　区	资产总计	负债合计	营业收入
全　省	**1127818**	**460692**	**2253231**
南 昌 市	476521	269934	905239
景德镇市	56019	19819	49698
萍 乡 市	5969	1745	12597
九 江 市	152032	19190	229257
新 余 市	51973	6105	256453
鹰 潭 市	49719	19392	129830
赣 州 市	104082	36637	160914
吉 安 市	63140	22898	142848
宜 春 市	58135	35442	66840
抚 州 市	22980	6764	67688
上 饶 市	87248	22768	231867

1-B-14　续表 17

(自动售货亭)　　单位：万元

地　区	资产总计	负债合计	营业收入
全　省	**68678**	**11277**	**74066**
南 昌 市	890	248	352
景德镇市	1368	89	1297
萍 乡 市	17		16
九 江 市	23089	731	10343
新 余 市	1874	179	5120
鹰 潭 市	9402	1340	20433
赣 州 市	20434	5175	10674
吉 安 市	3859	1816	11191
宜 春 市	1760	584	2990
抚 州 市	1576	91	3089
上 饶 市	4409	1025	8561

1-B-14 续表 18

(电话购物) 单位：万元

地　区	资产总计	负债合计	营业收入
全　省	**71325**	**13567**	**107545**
南 昌 市	9145	4703	16583
景德镇市	6608	1863	10073
萍 乡 市	2549	703	4087
九 江 市	20364	1455	23359
新 余 市	2482	383	18174
鹰 潭 市	992	202	1371
赣 州 市	12553	2296	13430
吉 安 市	2872	713	5512
宜 春 市	1614	490	3458
抚 州 市	2420	473	4128
上 饶 市	9727	284	7370

1-B-14 续表 19

(其他) 单位：万元

地　区	资产总计	负债合计	营业收入
全　省	**2807865**	**1557336**	**4820569**
南 昌 市	835340	574731	1615657
景德镇市	86716	30566	162645
萍 乡 市	99246	48310	135378
九 江 市	153680	57576	309099
新 余 市	63197	10827	154310
鹰 潭 市	83480	24106	124174
赣 州 市	526051	297562	583609
吉 安 市	244070	183048	549287
宜 春 市	220746	86702	320480
抚 州 市	136775	63902	299569
上 饶 市	358563	180006	566363

第2篇

住宿和餐饮业企业基本情况及财务状况篇

A.行业部分

2-A-1　住宿业法人企业基本情况

分　组	法人单位数（个）	从业人员期末人数（人）
住宿业	**2713**	**65213**
按国民经济行业分组		
旅游饭店	823	35017
一般旅馆	1524	23786
经济型连锁酒店	162	3754
其他一般旅馆	1362	20032
民宿服务	72	515
露营地服务	2	9
其他住宿业	292	5886
按登记注册类型分组		
内资企业	2694	63384
国有企业	113	5203
集体企业	22	216
股份合作企业		
联营企业	5	50
国有联营企业	2	28
集体联营企业	3	22
国有与集体联营企业		
其他联营企业		
有限责任公司	440	19852
国有独资公司	13	1122
其他有限责任公司	427	18730
股份有限公司	83	2329
私营企业	2018	35640
私营独资企业	326	2897
私营合伙企业	186	1804
私营有限责任公司		
私营股份有限公司		
其他企业	13	94
港、澳、台商投资企业	13	1313
与港澳台商合资经营企业	2	107
与港澳台商合作经营企业		
港澳台商独资经营企业	11	1206
港澳台商投资股份有限公司		
其他港澳台投资企业		
外商投资企业	6	516
中外合资经营企业	2	141
中外合作经营企业		
外资企业	3	263
外商投资股份有限公司		
其他外商投资	1	112
按企业规模分组		
大型	2	731
中型	77	16446
小型	1162	39835
微型	1472	8201

2-A-2 限额以上住宿业法人企业基本情况

分　组	法人单位数（个）	从业人员期末人数（人）
住宿业	**597**	**41024**
按国民经济行业分组		
旅游饭店	316	27765
一般旅馆	232	10131
经济型连锁酒店	41	2035
其他一般旅馆	191	8096
民宿服务	14	168
露营地服务		
其他住宿业	35	2960
按登记注册类型分组		
内资企业	585	39701
国有企业	47	3987
集体企业		
股份合作企业		
联营企业	1	28
国有联营企业	1	28
集体联营企业		
国有与集体联营企业		
其他联营企业		
有限责任公司	188	16188
国有独资公司	7	1033
其他有限责任公司	181	15155
股份有限公司	25	1429
私营企业	323	18037
私营独资企业	20	678
私营合伙企业	16	562
私营有限责任公司	280	16509
私营股份有限公司	7	288
其他企业	1	32
港、澳、台商投资企业	7	819
与港澳台商合资经营企业	1	93
与港澳台商合作经营企业		
港澳台商独资经营企业	6	726
港澳台商投资股份有限公司		
其他港澳台投资企业		
外商投资企业	5	504
中外合资经营企业	2	141
中外合作经营企业		
外资企业	2	251
外商投资股份有限公司		
其他外商投资	1	112
按企业规模分组		
大型	2	731
中型	72	15222
小型	496	24733
微型	27	338

2-A-3 住宿业法人企业财务状况

单位：万元

分　组	资产总计	负债合计	营业收入
住宿业	**3893676**	**2289669**	**1132634**
按国民经济行业分组			
旅游饭店	2749892	1852903	657688
一般旅馆	876251	351698	378191
经济型连锁酒店	76010	32991	55232
其他一般旅馆	800241	318707	322959
民宿服务	46800	8172	10086
露营地服务	447	57	192
其他住宿业	220285	76839	86477
按登记注册类型分组			
内资企业	3753727	2190803	1099614
国有企业	270799	123534	79691
集体企业	2190	824	2234
股份合作企业			
联营企业	2618	2348	4358
国有联营企业	2536	2334	4163
集体联营企业	81	14	195
国有与集体联营企业			
其他联营企业			
有限责任公司	1528283	985851	369683
国有独资公司	97212	71615	15957
其他有限责任公司	1431071	914235	353725
股份有限公司	115888	69515	39471
私营企业	1831223	1008402	602427
私营独资企业	81367	16712	48717
私营合伙企业	59458	8964	31283
私营有限责任公司	1671609	977344	508992
私营股份有限公司	18789	5381	13434
其他企业	2725	330	1751
港、澳、台商投资企业	118342	76468	24585
与港澳台商合资经营企业	2397	182	1132
与港澳台商合作经营企业			
港澳台商独资经营企业	115945	76286	23453
港澳台商投资股份有限公司			
其他港澳台投资企业			
外商投资企业	21606	22398	8434
中外合资经营企业	11555	11035	3400
中外合作经营企业			
外资企业	9454	11203	4486
外商投资股份有限公司			
其他外商投资	598	160	548
按企业规模分组			
大型	96329	85529	45170
中型	1404865	893179	323188
小型	1947234	1131719	645708
微型	445248	179242	118567

2-A-4 限额以上住宿业法人企业财务状况

单位：万元

分 组	资产总计	负债合计	营业收入
住宿业	**2743097**	**1853754**	**766870**
按国民经济行业分组			
旅游饭店	2227743	1611018	546992
一般旅馆	387280	194194	175985
经济型连锁酒店	45609	20202	32969
其他一般旅馆	341671	173992	143017
民宿服务	9456	3534	4384
露营地服务			
其他住宿业	118618	45008	39510
按登记注册类型分组			
内资企业	2660355	1795247	743656
国有企业	191097	70346	60448
集体企业			
股份合作企业			
联营企业	2536	2334	4163
国有联营企业	2536	2334	4163
集体联营企业			
国有与集体联营企业			
其他联营企业			
有限责任公司	1325049	918776	322806
国有独资公司	93657	70973	15229
其他有限责任公司	1231392	847803	307578
股份有限公司	94892	61437	23723
私营企业	1045763	742090	332244
私营独资企业	14040	8666	10023
私营合伙企业	18943	2427	8048
私营有限责任公司	1002945	727778	305422
私营股份有限公司	9836	3220	8752
其他企业	1018	264	272
港、澳、台商投资企业	61165	36114	14818
与港澳台商合资经营企业	2357	92	965
与港澳台商合作经营企业			
港澳台商独资经营企业	58808	36022	13853
港澳台商投资股份有限公司			
其他港澳台投资企业			
外商投资企业	21577	22393	8396
中外合资经营企业	11555	11035	3400
中外合作经营企业			
外资企业	9424	11198	4448
外商投资股份有限公司			
其他外商投资	598	160	548
按企业规模分组			
大型	96329	85529	45170
中型	1241372	842989	296492
小型	1386417	908946	420076
微型	18979	16290	5132

2-A-5　餐饮业法人企业基本情况

分　　组	法人单位数 (个)	从业人员期末人数 (人)
餐饮业	**3976**	**60114**
按国民经济行业分组		
正餐服务	3349	52915
快餐服务	127	3371
饮料及冷饮服务	89	
茶馆服务	29	192
咖啡馆服务	14	106
酒吧服务	20	157
其他饮料及冷饮服务	26	290
餐饮配送及外卖送餐服务	125	994
餐饮配送服务	110	855
外卖送餐服务	15	139
其他餐饮业	286	2089
小吃服务	60	496
其他未列明餐饮业	226	1593
按登记注册类型分组		
内资企业	3954	57694
国有企业	43	1307
集体企业	14	215
股份合作企业	6	170
联营企业	2	12
国有联营企业		
集体联营企业		
国有与集体联营企业		
其他联营企业	2	12
有限责任公司	561	11406
国有独资公司	11	403
其他有限责任公司	550	11003
股份有限公司	75	1299
私营企业	3233	43086
私营独资企业	456	4692
私营合伙企业	271	2674
私营有限责任公司	2419	34353
私营股份有限公司	87	1367
其他企业	20	199
港、澳、台商投资企业	13	561
与港澳台商合资经营企业	3	181
与港澳台商合作经营企业		
港澳台商独资经营企业	10	380
港澳台商投资股份有限公司		
其他港澳台投资企业		
外商投资企业	9	1859
中外合资经营企业	1	2
中外合作经营企业		
外资企业	7	1810
外商投资股份有限公司	1	47
其他外商投资		

2-A-6　限额以上餐饮业法人企业基本情况

分　组	法人单位数（个）	从业人员期末人数（人）
餐饮业	**540**	**26949**
按国民经济行业分组		
正餐服务	518	24512
快餐服务	15	2267
饮料及冷饮服务	1	18
茶馆服务		
咖啡馆服务	1	18
酒吧服务		
其他饮料及冷饮服务		
餐饮配送及外卖送餐服务	4	71
餐饮配送服务	4	71
外卖送餐服务		
其他餐饮业	2	81
小吃服务	1	60
其他未列明餐饮业	1	21
按登记注册类型分组		
内资企业	529	24610
国有企业	10	765
集体企业	1	63
股份合作企业	1	89
联营企业		
国有联营企业		
集体联营企业		
国有与集体联营企业		
其他联营企业		
有限责任公司	139	6920
国有独资公司	5	309
其他有限责任公司	134	6611
股份有限公司	9	613
私营企业	369	16160
私营独资企业	39	1276
私营合伙企业	19	569
私营有限责任公司	301	13841
私营股份有限公司	10	474
其他企业		
港、澳、台商投资企业	7	517
与港澳台商合资经营企业	2	181
与港澳台商合作经营企业		
港澳台商独资经营企业	5	336
港澳台商投资股份有限公司		
其他港澳台投资企业		
外商投资企业	4	1822
中外合资经营企业		
中外合作经营企业		
外资企业	3	1775
外商投资股份有限公司	1	47
其他外商投资		
按单位规模分组		
大型	2	2996
中型	27	5641
小型	458	17886
微型	53	426

2-A-7　餐饮业法人企业财务状况

单位：万元

分　　组	资产总计	负债合计	营业收入
餐饮业	**1562459**	**820050**	**1062804**
按国民经济行业分组			
正餐服务	1456942	787756	894998
快餐服务	40248	17001	101757
饮料及冷饮服务	10344	3578	12871
茶馆服务	3897	1243	3750
咖啡馆服务	1304	234	1724
酒吧服务	1761	438	1833
其他饮料及冷饮服务	3382	1663	5564
餐饮配送及外卖送餐服务	14051	2950	17123
餐饮配送服务	13134	2735	14847
外卖送餐服务	916	215	2276
其他餐饮业	40874	8766	36055
小吃服务	7557	2674	8175
其他未列明餐饮业	33317	6092	27880
按登记注册类型分组			
内资企业	1471689	743204	974919
国有企业	39878	13881	25909
集体企业	1386	318	3365
股份合作企业	3620	4054	1484
联营企业	47	10	158
国有联营企业			
集体联营企业			
国有与集体联营企业			
其他联营企业	47	10	158
有限责任公司	530217	395571	215216
国有独资公司	10372	2693	10273
其他有限责任公司	519845	392878	204943
股份有限公司	33125	8634	19504
私营企业	860176	319963	706976
私营独资企业	98544	23641	80728
私营合伙企业	55792	12082	50457
私营有限责任公司	683691	278387	554521
私营股份有限公司	22149	5854	21270
其他企业	3240	772	2307
港、澳、台商投资企业	64022	63931	8039
与港澳台商合资经营企业	22700	26504	3155
与港澳台商合作经营企业			
港澳台商独资经营企业	41322	37427	4884
港澳台商投资股份有限公司			
其他港澳台投资企业			
外商投资企业	26748	12915	79847
中外合资经营企业	8	8	2
中外合作经营企业			
外资企业	26519	12879	78852
外商投资股份有限公司	222	27	993
其他外商投资			

2-A-8 限额以上餐饮业法人企业财务状况

单位：万元

分　　组	资产总计	负债合计	营业收入
餐饮业	**909120**	**655788**	**527201**
按国民经济行业分组			
正餐服务	876266	638282	435895
快餐服务	27788	14594	85358
饮料及冷饮服务	195	75	290
茶馆服务			
咖啡馆服务	195	75	290
酒吧服务			
其他饮料及冷饮服务			
餐饮配送及外卖送餐服务	1332	442	4067
餐饮配送服务	1332	442	4067
外卖送餐服务			
其他餐饮业	3540	2396	1591
小吃服务	3375	2215	1360
其他未列明餐饮业	165	181	231
按登记注册类型分组			
内资企业	824325	583687	440216
国有企业	20668	8514	14520
集体企业	477	78	254
股份合作企业	3040	4041	805
联营企业			
国有联营企业			
集体联营企业			
国有与集体联营企业			
其他联营企业			
有限责任公司	419633	351290	136296
国有独资公司	9525	2577	9503
其他有限责任公司	410108	348713	126794
股份有限公司	6194	2507	8335
私营企业	374313	217257	280006
私营独资企业	42324	17465	22226
私营合伙企业	7399	1788	10031
私营有限责任公司	309655	194067	236893
私营股份有限公司	14935	3937	10857
其他企业			
港、澳、台商投资企业	59995	60000	7660
与港澳台商合资经营企业	19458	23304	3155
与港澳台商合作经营企业			
港澳台商独资经营企业	40537	36696	4505
港澳台商投资股份有限公司			
其他港澳台投资企业			
外商投资企业	24799	12102	79324
中外合资经营企业			
中外合作经营企业			
外资企业	24578	12059	78331
外商投资股份有限公司	222	43	993
其他外商投资			
按单位规模分组			
大型	33779	12208	96380
中型	230694	190204	104128
小型	638989	451793	314803
微型	5658	1584	11889

B.地区部分

2-B-1　分地区住宿业法人企业基本情况

地　区	法人单位数 (个)	年末从业人数 (人)
全　省	**2713**	**65213**
南昌市	482	13878
景德镇市	120	3728
萍乡市	58	1312
九江市	383	8155
新余市	68	1166
鹰潭市	104	2661
赣州市	402	9672
吉安市	331	6915
宜春市	211	5665
抚州市	146	3196
上饶市	408	8865

2-B-2　分地区住宿业法人企业基本情况(按国民经济行业分)

(旅游饭店)

地　区	法人单位数 (个)	从业人员期末人数 (人)
全　省	**823**	**35017**
南昌市	116	7290
景德镇市	31	2328
萍乡市	14	282
九江市	104	3836
新余市	32	796
鹰潭市	47	1841
赣州市	125	5977
吉安市	84	3185
宜春市	73	3059
抚州市	34	1481
上饶市	163	4942

2-B-2 续表 1

(一般旅馆)

地　区	法人单位数 (个)	从业人员期末人数 (人)
全　省	**1524**	**23786**
南 昌 市	306	5243
景德镇市	62	1053
萍 乡 市	34	631
九 江 市	240	3413
新 余 市	31	332
鹰 潭 市	37	463
赣 州 市	215	2996
吉 安 市	196	3214
宜 春 市	114	2230
抚 州 市	104	1606
上 饶 市	185	2605

2-B-2 续表 2

(民宿服务)

地　区	法人单位数 (个)	从业人员期末人数 (人)
全　省	**72**	**515**
南 昌 市	11	168
景德镇市	5	37
萍 乡 市	1	32
九 江 市	6	22
新 余 市	3	26
鹰 潭 市	5	18
赣 州 市	2	10
吉 安 市	3	12
宜 春 市	11	43
抚 州 市	3	4
上 饶 市	22	153

2-B-2　续表 3

(露营地服务)

地　　区	法人单位数 (个)	从业人员期末人数 (人)
全　　省	**2**	**9**
南 昌 市		
景德镇市		
萍 乡 市		
九 江 市		
新 余 市		
鹰 潭 市	2	9
赣 州 市		
吉 安 市		
宜 春 市		
抚 州 市		
上 饶 市		

2-B-2　续表 4

(其他住宿业)

地　　区	法人单位数 (个)	从业人员期末人数 (人)
全　　省	**292**	**5886**
南 昌 市	49	1177
景德镇市	22	310
萍 乡 市	9	367
九 江 市	33	884
新 余 市	2	12
鹰 潭 市	13	330
赣 州 市	60	699
吉 安 市	48	504
宜 春 市	13	333
抚 州 市	5	105
上 饶 市	38	1165

2-B-3 分地区住宿业法人企业基本情况(按登记注册类型分)

(内资企业)

地　区	法人单位数 (个)	从业人员期末人数 (人)
全　省	**2694**	**63384**
南昌市	479	13369
景德镇市	119	3596
萍乡市	57	1116
九江市	380	7959
新余市	67	1138
鹰潭市	103	2544
赣州市	401	9579
吉安市	329	6651
宜春市	209	5508
抚州市	144	3077
上饶市	406	8847

2-B-3 续表 1

(国有企业)

地　区	法人单位数 (个)	从业人员期末人数 (人)
全　省	**113**	**5203**
南昌市	20	1403
景德镇市	4	254
萍乡市	1	134
九江市	29	582
新余市	2	306
鹰潭市	6	201
赣州市	12	877
吉安市	32	1141
宜春市	6	203
抚州市		
上饶市	1	102

2-B-3　续表 2

(集体企业)

地　　区	法人单位数 (个)	从业人员期末人数 (人)
全　　省	**22**	**216**
南 昌 市	8	45
景德镇市	2	12
萍 乡 市	1	18
九 江 市	2	27
新 余 市		
鹰 潭 市	3	
赣 州 市	2	39
吉 安 市		
宜 春 市	1	2
抚 州 市	2	71
上 饶 市	1	2

2-B-3　续表 3

(联营企业)

地　　区	法人单位数 (个)	从业人员期末人数 (人)
全　　省	**5**	**50**
南 昌 市		
景德镇市		
萍 乡 市		
九 江 市		
新 余 市		
鹰 潭 市	1	2
赣 州 市		
吉 安 市	1	4
宜 春 市		
抚 州 市	1	16
上 饶 市	2	28

2-B-3 续表 4

(有限责任公司)

地　区	法人单位数 (个)	从业人员期末人数 (人)
全　省	**440**	**19852**
南 昌 市	125	6139
景德镇市	33	1898
萍 乡 市	7	258
九 江 市	63	2677
新 余 市	21	211
鹰 潭 市	22	1281
赣 州 市	32	1905
吉 安 市	29	918
宜 春 市	28	1661
抚 州 市	18	419
上 饶 市	62	2485

2-B-3 续表 5

(股份有限公司)

地　区	法人单位数 (个)	从业人员期末人数 (人)
全　省	**83**	**2329**
南 昌 市	17	302
景德镇市	6	111
萍 乡 市	2	75
九 江 市	2	40
新 余 市	2	21
鹰 潭 市	4	107
赣 州 市	15	264
吉 安 市	8	308
宜 春 市	8	365
抚 州 市	4	113
上 饶 市	15	623

2-B-3　续表 6

(私营企业)

地　区	法人单位数 (个)	从业人员期末人数 (人)
全　省	**2018**	**35640**
南昌市	309	5480
景德镇市	74	1321
萍乡市	44	590
九江市	282	4613
新余市	42	600
鹰潭市	67	953
赣州市	338	6484
吉安市	257	4271
宜春市	163	3272
抚州市	119	2458
上饶市	323	5598

2-B-3　续表 7

(其他企业)

地　区	法人单位数 (个)	从业人员期末人数 (人)
全　省	**13**	**94**
南昌市		
景德镇市		
萍乡市	2	41
九江市	2	20
新余市		
鹰潭市		
赣州市	2	10
吉安市	2	9
宜春市	3	5
抚州市		
上饶市	2	9

2-B-3 续表 8

(港、澳、台商投资企业)

地　区	法人单位数 (个)	从业人员期末人数 (人)
全　省	**13**	**1313**
南昌市	**1**	**345**
景德镇市	1	132
萍乡市		
九江市	2	164
新余市	1	28
鹰潭市	1	117
赣州市	1	93
吉安市	2	264
宜春市	2	157
抚州市	1	7
上饶市	1	6

2-B-3 续表 9

(外商投资企业)

地　区	法人单位数 (个)	从业人员期末人数 (人)
全　省	**6**	**516**
南昌市	2	164
景德镇市		
萍乡市	1	196
九江市	1	32
新余市		
鹰潭市		
赣州市		
吉安市		
宜春市		
抚州市	1	112
上饶市	1	12

2-B-4　分地区住宿业法人企业基本情况(按星级分)

(一星)

地　区	法人单位数 (个)	从业人员期末人数 (人)
全　省	**60**	**634**
南昌市	12	164
景德镇市	4	91
萍乡市	3	32
九江市	9	44
新余市	3	17
鹰潭市	2	12
赣州市	10	68
吉安市	5	76
宜春市	3	51
抚州市	3	46
上饶市	6	33

2-B-4　续表 1

(二星)

地　区	法人单位数 (个)	从业人员期末人数 (人)
全　省	**169**	**1775**
南昌市	6	93
景德镇市	7	61
萍乡市	4	51
九江市	35	371
新余市	9	103
鹰潭市	8	76
赣州市	37	368
吉安市	22	264
宜春市	10	124
抚州市	9	105
上饶市	22	159

2-B-4 续表 2

(三星)

地　区	法人单位数 (个)	从业人员期末人数 (人)
全　省	**471**	**11904**
南 昌 市	38	985
景德镇市	30	1160
萍 乡 市	6	196
九 江 市	78	1601
新 余 市	26	339
鹰 潭 市	19	593
赣 州 市	88	2565
吉 安 市	55	1646
宜 春 市	35	859
抚 州 市	27	489
上 饶 市	69	1471

2-B-4 续表 3

(四星)

地　区	法人单位数 (个)	从业人员期末人数 (人)
全　省	**218**	**15045**
南 昌 市	39	2623
景德镇市	12	842
萍 乡 市	3	246
九 江 市	35	2346
新 余 市	2	298
鹰 潭 市	8	771
赣 州 市	25	2330
吉 安 市	19	897
宜 春 市	22	1821
抚 州 市	9	383
上 饶 市	44	2488

2-B-4　续表 4

(五星)

地　　区	法人单位数 (个)	从业人员期末人数 (人)
全　　省	**44**	**5412**
南 昌 市	8	1848
景德镇市	4	265
萍 乡 市	1	8
九 江 市	3	705
新 余 市	2	37
鹰 潭 市	1	125
赣 州 市	9	309
吉 安 市	3	177
宜 春 市	4	691
抚 州 市	1	488
上 饶 市	8	759

2-B-4　续表 5

(其他)

地　　区	法人单位数 (个)	从业人员期末人数 (人)
全　　省	**1751**	**30443**
南 昌 市	379	8165
景德镇市	63	1309
萍 乡 市	41	779
九 江 市	223	3088
新 余 市	26	372
鹰 潭 市	66	1084
赣 州 市	233	4032
吉 安 市	227	3855
宜 春 市	137	2119
抚 州 市	97	1685
上 饶 市	259	3955

2-B-5 分地区住宿业法人企业财务状况

单位：万元

地　区	资产总计	负债合计	营业收入
全　省	**3893676**	**2289669**	**1132634**
南 昌 市	898902	543371	247759
景德镇市	206742	134855	57566
萍 乡 市	45413	35222	15935
九 江 市	416646	202908	180170
新 余 市	39796	13324	21877
鹰 潭 市	229871	150844	41052
赣 州 市	407608	232564	152265
吉 安 市	335062	210408	105748
宜 春 市	456496	276748	91159
抚 州 市	178365	104021	35001
上 饶 市	678775	385404	184102

2-B-6 分地区住宿业法人企业财务状况(按国民经济行业分)

(旅游饭店)　　单位：万元

地　区	资产总计	负债合计	营业收入
全　省	**2749892**	**1852903**	**657688**
南 昌 市	652821	458440	153070
景德镇市	149786	118958	31999
萍 乡 市	14099	15671	4069
九 江 市	281652	151355	96392
新 余 市	31864	10920	14442
鹰 潭 市	165002	127688	27005
赣 州 市	334633	212361	93526
吉 安 市	226910	145656	49411
宜 春 市	266746	217300	47818
抚 州 市	123062	80977	16816
上 饶 市	503317	313576	123139

2-B-6　续表 1

(一般旅馆)　　单位：万元

地　区	资产总计	负债合计	营业收入
全　省	**876251**	**351698**	**378191**
南 昌 市	174602	61519	76422
景德镇市	41298	12229	18178
萍 乡 市	16346	10413	7801
九 江 市	102684	33496	66772
新 余 市	7577	2383	6832
鹰 潭 市	30081	15404	8571
赣 州 市	56347	15055	47204
吉 安 市	94328	61738	49247
宜 春 市	178943	57008	38491
抚 州 市	51642	20978	16856
上 饶 市	122403	61476	41817

2-B-6　续表 2

(民宿服务)　　单位：万元

地　区	资产总计	负债合计	营业收入
全　省	**46800**	**8172**	**10086**
南 昌 市	29870	3870	3390
景德镇市	2724	704	1068
萍 乡 市	1018	264	272
九 江 市	581	77	282
新 余 市	347	15	499
鹰 潭 市	1732	608	132
赣 州 市			
吉 安 市	229	1	99
宜 春 市	2566	875	944
抚 州 市	44		16
上 饶 市	7689	1759	3385

2-B-6 续表 3

(露营地服务) 单位：万元

地区	资产总计	负债合计	营业收入
全省	**447**	**57**	**192**
南昌市			
景德镇市			
萍乡市			
九江市			
新余市			
鹰潭市	447	57	192
赣州市			
吉安市			
宜春市			
抚州市			
上饶市			

2-B-6 续表 4

(其他住宿业) 单位：万元

地区	资产总计	负债合计	营业收入
全省	**220285**	**76839**	**86477**
南昌市	41609	19543	14876
景德镇市	12934	2964	6321
萍乡市	13951	8874	3793
九江市	31730	17980	16725
新余市	7	6	104
鹰潭市	32609	7087	5151
赣州市	16627	5148	11535
吉安市	13595	3013	6991
宜春市	8240	1564	3906
抚州市	3618	2066	1313
上饶市	45365	8593	15761

2-B-7　分地区住宿业法人企业财务状况(按登记注册类型分)

(内资企业)　　单位：万元

地　区	资产总计	负债合计	营业收入
全　省	**3753727**	**2190803**	**1099614**
南 昌 市	847205	499484	234470
景德镇市	202740	134409	55104
萍 乡 市	39040	28760	13951
九 江 市	400562	197191	173893
新 余 市	39508	13253	21446
鹰 潭 市	216639	142613	39702
赣 州 市	405251	232472	151300
吉 安 市	303348	188039	102330
宜 春 市	448582	269232	89063
抚 州 市	175579	102252	34317
上 饶 市	675272	383097	184037

2-B-7　续表 1

(国有企业)　　单位：万元

地　区	资产总计	负债合计	营业收入
全　省	**270799**	**123534**	**79691**
南 昌 市	113886	28452	22852
景德镇市	7030	14330	1014
萍 乡 市	4734	5480	821
九 江 市	25981	9108	9624
新 余 市	11049	3478	5726
鹰 潭 市	2931	2350	1712
赣 州 市	36643	9010	12496
吉 安 市	61974	49953	19493
宜 春 市	5689	1125	2671
抚 州 市			
上 饶 市	882	248	3284

2-B-7 续表 2

(集体企业) 单位：万元

地 区	资产总计	负债合计	营业收入
全 省	**2190**	**824**	**2234**
南 昌 市	541	762	1132
景德镇市	111	0	140
萍 乡 市	924	28	205
九 江 市	284	9	248
新 余 市			
鹰 潭 市			
赣 州 市	106	12	130
吉 安 市			
宜 春 市	5		37
抚 州 市	186	13	252
上 饶 市	34		90

2-B-7 续表 3

(联营企业) 单位：万元

地 区	资产总计	负债合计	营业收入
全 省	**2618**	**2348**	**4358**
南 昌 市			
景德镇市			
萍 乡 市			
九 江 市			
新 余 市			
鹰 潭 市	49	11	162
赣 州 市			
吉 安 市	8		20
宜 春 市			
抚 州 市	25	3	13
上 饶 市	2536	2334	4163

2-B-7　续表 4

(有限责任公司)　单位：万元

地　区	资产总计	负债合计	营业收入
全　省	**1528283**	**985851**	**369683**
南 昌 市	412295	235291	107359
景德镇市	142014	105059	27493
萍 乡 市	9905	13644	2095
九 江 市	203388	114700	77637
新 余 市	10500	3238	5793
鹰 潭 市	134152	99386	20016
赣 州 市	97018	62296	32870
吉 安 市	62302	33156	14288
宜 春 市	148254	118703	29311
抚 州 市	28537	11131	3861
上 饶 市	279918	189247	48959

2-B-7　续表 5

(股份有限公司)　单位：万元

地　区	资产总计	负债合计	营业收入
全　省	**115888**	**69515**	**39471**
南 昌 市	11433	6278	3266
景德镇市	4165	2966	2791
萍 乡 市	5705	1677	687
九 江 市	803	210	256
新 余 市	472	75	535
鹰 潭 市	2660	2702	840
赣 州 市	2651	1374	3039
吉 安 市	22032	18029	5276
宜 春 市	38466	20989	5587
抚 州 市	2325	529	2093
上 饶 市	25174	14687	15102

2-B-7 续表 6

(私营企业) 单位：万元

地区	资产总计	负债合计	营业收入
全省	**1831223**	**1008402**	**602427**
南昌市	309050	228700	99861
景德镇市	49420	12055	23666
萍乡市	16649	7667	9843
九江市	169719	73107	85300
新余市	17486	6462	9392
鹰潭市	76846	38164	16972
赣州市	268363	159781	102744
吉安市	156928	86898	63144
宜春市	256140	128410	51433
抚州市	144506	90576	28098
上饶市	366115	176582	111973

2-B-7 续表 7

(其他企业) 单位：万元

地区	资产总计	负债合计	营业收入
全省	**2725**	**330**	**1751**
南昌市			
景德镇市			
萍乡市	1123	264	300
九江市	386	57	829
新余市			
鹰潭市			
赣州市	470	1	21
吉安市	105	3	109
宜春市	28	5	25
抚州市			
上饶市	613		468

2-B-7　续表 8

(港、澳、台商投资企业)　　单位：万元

地　区	资产总计	负债合计	营业收入
全　省	**118342**	**76468**	**24585**
南昌市	38131	28121	7968
景德镇市	4002	446	2462
萍乡市			
九江市	15044	5713	5733
新余市	287	72	430
鹰潭市	13232	8230	1350
赣州市	2357	92	965
吉安市	31714	22369	3418
宜春市	7914	7516	2097
抚州市	2188	1609	135
上饶市	3473	2302	27

2-B-7　续表 9

(外商投资企业)　　单位：万元

地　区	资产总计	负债合计	营业收入
全　省	**21606**	**22398**	**8434**
南昌市	13566	15767	5320
景德镇市			
萍乡市	6373	6462	1985
九江市	1040	4	544
新余市			
鹰潭市			
赣州市			
吉安市			
宜春市			
抚州市	598	160	548
上饶市	30	5	38

2-B-8 分地区住宿业法人企业财务状况(按星级分)

(一星)

单位：万元

地　区	资产总计	负债合计	营业收入
全　省	**28055**	**4084**	**9013**
南昌市	3503	1296	2268
景德镇市	15222	415	1451
萍乡市	559	71	593
九江市	928	19	1013
新余市	24	15	222
鹰潭市	124	81	214
赣州市	2654	125	1074
吉安市	2133	1759	1274
宜春市	861	133	333
抚州市	1058	143	369
上饶市	991	26	201

2-B-8 续表 1

(二星)

单位：万元

地　区	资产总计	负债合计	营业收入
全　省	**41630**	**11775**	**31560**
南昌市	381	107	485
景德镇市	1563	180	1406
萍乡市	541	35	954
九江市	7324	3350	6349
新余市	1286	226	1933
鹰潭市	2197	1594	1030
赣州市	7471	1807	8087
吉安市	8336	2377	4295
宜春市	4320	759	3496
抚州市	3160	445	1132
上饶市	5049	895	2392

2-B-8　续表 2

(三星)　　单位：万元

地　区	资产总计	负债合计	营业收入
全　省	**487252**	**265717**	**192356**
南 昌 市	81438	32239	17030
景德镇市	36164	27527	13211
萍 乡 市	6607	5883	1853
九 江 市	64150	23478	30398
新 余 市	7973	2559	6193
鹰 潭 市	44732	32117	8275
赣 州 市	61684	28563	40188
吉 安 市	77650	51035	28193
宜 春 市	20561	12788	12223
抚 州 市	29604	15557	6076
上 饶 市	56688	33971	28716

2-B-8　续表 3

(四星)　　单位：万元

地　区	资产总计	负债合计	营业收入
全　省	**1001703**	**592291**	**287180**
南 昌 市	184189	69992	45508
景德镇市	39347	26603	11708
萍 乡 市	6996	13878	1882
九 江 市	119841	57603	69741
新 余 市	11839	3924	5082
鹰 潭 市	53168	39824	11363
赣 州 市	125347	75678	39660
吉 安 市	57726	41037	13617
宜 春 市	160946	107572	29085
抚 州 市	24085	11639	3964
上 饶 市	218219	144540	55571

2-B-8 续表 4

(五星) 单位：万元

地 区	资产总计	负债合计	营业收入
全 省	**625179**	**492879**	**93379**
南昌市	187496	185984	38820
景德镇市	72557	52470	4001
萍乡市	712	647	89
九江市	67924	38518	13071
新余市	1115	356	1034
鹰潭市	16733	2303	1604
赣州市	6262	3098	7252
吉安市	24955	22146	1522
宜春市	133195	87961	9481
抚州市	21488	24268	5004
上饶市	92742	75127	11502

2-B-8 续表 5

(其他) 单位：万元

地 区	资产总计	负债合计	营业收入
全 省	**1709858**	**922923**	**519145**
南昌市	441894	253753	143648
景德镇市	41889	27660	25789
萍乡市	29998	14709	10563
九江市	156479	79939	59597
新余市	17558	6245	7413
鹰潭市	112917	74924	18565
赣州市	204189	123292	56004
吉安市	164263	92053	56847
宜春市	136614	67535	36541
抚州市	98970	51968	18456
上饶市	305086	130844	85721

2-B-9　分地区餐饮业法人企业基本情况

地　区	法人单位数 (个)	从业人员期末人数 (人)
全　省	**3976**	**60114**
南 昌 市	627	11980
景德镇市	139	2261
萍 乡 市	107	1960
九 江 市	567	8681
新 余 市	162	3046
鹰 潭 市	175	1606
赣 州 市	733	11041
吉 安 市	493	7015
宜 春 市	344	5291
抚 州 市	167	2446
上 饶 市	462	4787

2-B-10　分地区餐饮业法人企业基本情况(按国民经济行业分)

(正餐服务)

地　区	法人单位数 (个)	从业人员期末人数 (人)
全　省	**3349**	**52915**
南 昌 市	510	9187
景德镇市	117	1956
萍 乡 市	92	1808
九 江 市	494	8043
新 余 市	137	2863
鹰 潭 市	153	1510
赣 州 市	618	10047
吉 安 市	417	6116
宜 春 市	300	4790
抚 州 市	141	2200
上 饶 市	370	4395

2-B-10 续表 1

(快餐服务)

地　区	法人单位数 (个)	从业人员期末人数 (人)
全　省	**127**	**3371**
南 昌 市	29	2156
景德镇市	3	54
萍 乡 市	4	46
九 江 市	12	149
新 余 市	8	53
鹰 潭 市	2	6
赣 州 市	14	158
吉 安 市	31	501
宜 春 市	8	75
抚 州 市	7	108
上 饶 市	9	65

2-B-10 续表 2

(饮料及冷饮服务)

地　区	法人单位数 (个)	从业人员期末人数 (人)
全　省	**89**	**745**
南 昌 市	18	216
景德镇市	3	24
萍 乡 市	3	12
九 江 市	18	148
新 余 市	2	24
鹰 潭 市	3	7
赣 州 市	12	89
吉 安 市	9	73
宜 春 市	7	49
抚 州 市	1	10
上 饶 市	13	93

2-B-10　续表 3

(餐饮配送及外卖送餐服务)

地　区	法人单位数 (个)	从业人员期末人数 (人)
全　省	**125**	**994**
南昌市	25	195
景德镇市		
萍乡市	2	9
九江市	9	74
新余市	3	31
鹰潭市	3	14
赣州市	38	271
吉安市	18	180
宜春市	8	104
抚州市	6	71
上饶市	13	45

2-B-10　续表 4

(其他餐饮业)

地　区	法人单位数 (个)	从业人员期末人数 (人)
全　省	**286**	**2089**
南昌市	45	226
景德镇市	16	227
萍乡市	6	85
九江市	34	267
新余市	12	75
鹰潭市	14	69
赣州市	51	476
吉安市	18	145
宜春市	21	273
抚州市	12	57
上饶市	57	189

2-B-11 分地区餐饮业法人企业基本情况(按登记注册类型分)

(内资企业)

地 区	法人单位数(个)	从业人员期末人数(人)
全 省	**3954**	**57694**
南昌市	616	9956
景德镇市	137	2240
萍乡市	105	1928
九江市	567	8681
新余市	162	3046
鹰潭市	175	1606
赣州市	733	11041
吉安市	491	6895
宜春市	341	5124
抚州市	167	2446
上饶市	460	4731

2-B-11 续表 1

(国有企业)

地 区	法人单位数(个)	从业人员期末人数(人)
全 省	**43**	**1307**
南昌市	5	169
景德镇市		
萍乡市		
九江市	13	588
新余市	2	5
鹰潭市	1	21
赣州市	5	348
吉安市	8	102
宜春市	3	4
抚州市	3	10
上饶市	3	60

2-B-11 续表 2

(集体企业)

地 区	法人单位数(个)	从业人员期末人数(人)
全 省	**14**	**215**
南昌市	2	13
景德镇市		
萍乡市		
九江市	1	40
新余市	1	
鹰潭市	1	8
赣州市	3	75
吉安市	1	34
宜春市	1	15
抚州市	1	22
上饶市	3	8

2-B-11 续表 3

(股份合作企业)

地 区	法人单位数(个)	从业人员期末人数(人)
全 省	**6**	**170**
南昌市	2	109
景德镇市		
萍乡市		
九江市	1	30
新余市		
鹰潭市		
赣州市		
吉安市	1	8
宜春市		
抚州市	1	23
上饶市	1	

2-B-11 续表 4

(联营企业)

地　区	法人单位数(个)	从业人员期末人数(人)
全　省	**2**	**12**
南 昌 市		
景德镇市		
萍 乡 市		
九 江 市	2	12
新 余 市		
鹰 潭 市		
赣 州 市		
吉 安 市		
宜 春 市		
抚 州 市		
上 饶 市		

2-B-11 续表 5

(有限责任公司)

地　区	法人单位数(个)	从业人员期末人数(人)
全　省	**561**	**11406**
南 昌 市	145	2832
景德镇市	32	640
萍 乡 市	8	216
九 江 市	85	1967
新 余 市	29	534
鹰 潭 市	33	470
赣 州 市	76	1864
吉 安 市	40	744
宜 春 市	30	717
抚 州 市	24	699
上 饶 市	59	723

2-B-11　续表 6

(股份有限公司)

地　区	法人单位数(个)	从业人员期末人数(人)
全　省	**75**	**1299**
南昌市	12	69
景德镇市	2	60
萍乡市	1	43
九江市	6	136
新余市	6	25
鹰潭市	2	296
赣州市	18	232
吉安市	12	154
宜春市	1	15
抚州市		
上饶市	15	269

2-B-11　续表 7

(私营企业)

地　区	法人单位数(个)	从业人员期末人数(人)
全　省	**3233**	**43086**
南昌市	450	6764
景德镇市	103	1540
萍乡市	96	1669
九江市	459	5908
新余市	120	2469
鹰潭市	137	808
赣州市	628	8506
吉安市	429	5853
宜春市	300	4336
抚州市	138	1692
上饶市	373	3541

2-B-11 续表 8

(其他企业)

地　区	法人单位数 (个)	从业人员期末人数 (人)
全　省	**20**	**199**
南昌市		
景德镇市		
萍乡市		
九江市		
新余市	4	13
鹰潭市	1	3
赣州市	3	16
吉安市		
宜春市	6	37
抚州市		
上饶市	6	130

2-B-11 续表 9

(港、澳、台商投资企业)

地　区	法人单位数 (个)	从业人员期末人数 (人)
全　省	**13**	**561**
南昌市	5	196
景德镇市		
萍乡市	2	32
九江市		
新余市		
鹰潭市		
赣州市		
吉安市	2	120
宜春市	2	157
抚州市		
上饶市	2	56

2-B-11　续表 10

(外商投资企业)

地　区	法人单位数(个)	从业人员期末人数(人)
全　省	**9**	**1859**
南昌市	6	1828
景德镇市	2	21
萍乡市		
九江市		
新余市		
鹰潭市		
赣州市		
吉安市		
宜春市	1	10
抚州市		
上饶市		

2-B-12　分地区餐饮业法人企业财务状况

单位：万元

地　区	资产总计	负债合计	营业收入
全　省	**1562459**	**820050**	**1062804**
南昌市	206563	153928	225621
景德镇市	60482	12307	39738
萍乡市	39106	19840	29544
九江市	281491	144103	180318
新余市	49424	18728	53460
鹰潭市	48649	20796	43811
赣州市	275154	114674	176718
吉安市	288253	209958	116748
宜春市	176095	90956	86128
抚州市	57273	15865	27313
上饶市	79969	18897	83406

2-B-13 分地区餐饮业法人企业财务状况(按国民经济行业分)

(正餐服务) 单位：万元

地　区	资产总计	负债合计	营业收入
全　省	**1456942**	**787756**	**894998**
南 昌 市	172743	138414	135285
景德镇市	52479	9698	34712
萍 乡 市	37588	19803	27302
九 江 市	272750	143601	168903
新 余 市	47367	18481	48938
鹰 潭 市	46858	19787	41522
赣 州 市	258544	110492	158130
吉 安 市	275472	207789	102032
宜 春 市	167425	88427	76088
抚 州 市	52539	14428	24416
上 饶 市	73178	16836	77670

2-B-13 续表 1

(快餐服务) 单位：万元

地　区	资产总计	负债合计	营业收入
全　省	**40248**	**17001**	**101757**
南 昌 市	25861	13538	82352
景德镇市	61	22	516
萍 乡 市	629	3	624
九 江 市	1717	128	3214
新 余 市	677	82	1704
鹰 潭 市	49	11	164
赣 州 市	1717	336	2415
吉 安 市	4776	1384	7294
宜 春 市	2535	855	1532
抚 州 市	1762	518	1326
上 饶 市	463	122	616

2-B-13　续表 2

(饮料及冷饮服务)　　单位：万元

地　区	资产总计	负债合计	营业收入
全　省	**10344**	**3578**	**12871**
南昌市	1141	681	3633
景德镇市	205		306
萍乡市	112	33	251
九江市	2568	122	2721
新余市	205	79	432
鹰潭市	142	110	80
赣州市	2163	1124	2203
吉安市	586	88	918
宜春市	460	196	784
抚州市	428	43	254
上饶市	2336	1101	1290

2-B-13　续表 3

(餐饮配送及外卖送餐服务)　　单位：万元

地　区	资产总计	负债合计	营业收入
全　省	**14051**	**2950**	**17123**
南昌市	3663	447	1657
景德镇市			
萍乡市	29		111
九江市	881	79	1913
新余市	364	69	670
鹰潭市	122	81	214
赣州市	4069	840	4397
吉安市	2935	663	4088
宜春市	855	294	3339
抚州市	812	436	170
上饶市	320	40	565

2-B-13 续表 4

(其他餐饮业) 单位：万元

地 区	资产总计	负债合计	营业收入
全 省	**40874**	**8766**	**36055**
南昌市	3155	848	2694
景德镇市	7737	2586	4204
萍乡市	749		1257
九江市	3575	173	3566
新余市	810	17	1716
鹰潭市	1479	806	1832
赣州市	8660	1882	9574
吉安市	4485	34	2417
宜春市	4820	1183	4384
抚州市	1733	439	1146
上饶市	3672	798	3264

2-B-14 分地区餐饮业法人企业财务状况(按登记注册类型分)

(内资企业) 单位：万元

地 区	资产总计	负债合计	营业收入
全 省	**1471689**	**743204**	**974919**
南昌市	158414	114777	143072
景德镇市	60296	12286	39412
萍乡市	38886	19734	29158
九江市	281491	144103	180318
新余市	49424	18728	53460
鹰潭市	48649	20796	43811
赣州市	275154	114674	176718
吉安市	276211	196888	113942
宜春市	147160	66501	84633
抚州市	57273	15865	27313
上饶市	78731	18853	83083

2-B-14　续表 1

(国有企业)　　单位：万元

地　区	资产总计	负债合计	营业收入
全　省	**39878**	**13881**	**25909**
南昌市	834	189	2324
景德镇市			
萍乡市			
九江市	21031	9937	12733
新余市	57		69
鹰潭市	127		462
赣州市	7489	2337	6649
吉安市	7158	93	1735
宜春市	37	15	52
抚州市	393	333	90
上饶市	2751	978	1795

2-B-14　续表 2

(集体企业)　　单位：万元

地　区	资产总计	负债合计	营业收入
全　省	**1386**	**318**	**3365**
南昌市	10		1
景德镇市			
萍乡市			
九江市	200		1003
新余市			
鹰潭市	184	25	173
赣州市	503	78	301
吉安市	21		
宜春市	354	191	1618
抚州市	104	25	172
上饶市	10		98

2-B-14 续表 3

(股份合作企业) 单位：万元

地 区	资产总计	负债合计	营业收入
全 省	**3620**	**4054**	**1484**
南昌市	3051	4041	880
景德镇市			
萍乡市			
九江市	467		321
新余市			
鹰潭市			
赣州市			
吉安市	37	12	46
宜春市			
抚州市	65		236
上饶市			

2-B-14 续表 4

(联营企业) 单位：万元

地 区	资产总计	负债合计	营业收入
全 省	**47**	**10**	**158**
南昌市			
景德镇市			
萍乡市			
九江市	47	10	158
新余市			
鹰潭市			
赣州市			
吉安市			
宜春市			
抚州市			
上饶市			

2-B-14 续表 5

(有限责任公司) 单位：万元

地 区	资产总计	负债合计	营业收入
全 省	**530217**	**395571**	**215216**
南 昌 市	38875	32535	45413
景德镇市	9633	5736	9651
萍 乡 市	2854	2018	2838
九 江 市	140214	102584	62451
新 余 市	10791	4581	6400
鹰 潭 市	28566	16630	21357
赣 州 市	90678	60411	26112
吉 安 市	155215	151070	9329
宜 春 市	16692	7370	10782
抚 州 市	27092	10029	6483
上 饶 市	9607	2607	14400

2-B-14 续表 6

(股份有限公司) 单位：万元

地 区	资产总计	负债合计	营业收入
全 省	**33125**	**8634**	**19504**
南 昌 市	1087	190	840
景德镇市	320	163	346
萍 乡 市	70		297
九 江 市	7376	1520	1741
新 余 市	228	16	750
鹰 潭 市	6177	1799	4526
赣 州 市	9377	1016	4179
吉 安 市	2264	1023	2747
宜 春 市	400	125	83
抚 州 市			
上 饶 市	5825	2782	3995

2-B-14 续表 7

(私营企业) 单位：万元

地　区	资产总计	负债合计	营业收入
全　省	**860176**	**319963**	**706976**
南昌市	114557	77822	93615
景德镇市	50343	6387	29415
萍乡市	35962	17716	26022
九江市	112157	30051	101911
新余市	37730	14125	45766
鹰潭市	13576	2342	17221
赣州市	166978	50822	139241
吉安市	111516	44690	100085
宜春市	129137	58753	71588
抚州市	29618	5478	20331
上饶市	58603	11778	61782

2-B-14 续表 8

(其他企业) 单位：万元

地　区	资产总计	负债合计	营业收入
全　省	**3240**	**772**	**2307**
南昌市			
景德镇市			
萍乡市			
九江市			
新余市	618	6	475
鹰潭市	19		72
赣州市	128	10	237
吉安市			
宜春市	540	48	509
抚州市			
上饶市	1935	709	1013

2-B-14　续表 9

(港、澳、台商投资企业)　　单位：万元

地　区	资产总计	负债合计	营业收入
全　省	**64022**	**63931**	**8039**
南昌市	23286	27057	3193
景德镇市			
萍乡市	221	106	386
九江市			
新余市			
鹰潭市			
赣州市			
吉安市	12043	13070	2805
宜春市	27235	23655	1330
抚州市			
上饶市	1238	44	323

2-B-14　续表 10

(外商投资企业)　　单位：万元

地　区	资产总计	负债合计	营业收入
全　省	**26748**	**12915**	**79847**
南昌市	24862	12094	79356
景德镇市	186	20	326
萍乡市			
九江市			
新余市			
鹰潭市			
赣州市			
吉安市			
宜春市	1700	800	165
抚州市			
上饶市			

第3篇

房地产开发经营业生产经营及财务状况篇

3-1 各地区按登记注册类型分

地　　区	总　计	内资企业					
			国有企业	集体企业	股份合作企　业	国有联营企　业	集体联营企　业
全　　省	**5135**	**5038**	**57**	**2**	**1**		
南 昌 市	939	890	15				
景德镇市	175	170	2				
萍 乡 市	141	141	2				
九 江 市	574	566	8	1	1		
新 余 市	197	195	1	1			
鹰 潭 市	189	187	1				
赣 州 市	844	833	7				
吉 安 市	438	432	9				
宜 春 市	575	571	4				
抚 州 市	449	444	5				
上 饶 市	614	609	3				

注：表3-1、3-2、3-3统计范围为全部房地产开发经营业法人单位，本篇其他表统计范围为有开发经营活动的房地产开发经营业法人单位。

3-1　续表

地　　区			港、澳、台商投资企　业				
	私营股份有限公司	其他内资企　业		合资经营企业(港、澳、台资)	合作经营企业(港、澳、台资)	港、澳、台商独资经营企业	港、澳、台商投资股份有限公司
全　　省	**108**		**73**	**34**		**39**	
南 昌 市	8		40	17		23	
景德镇市	4		2	1		1	
萍 乡 市	4						
九 江 市	12		7	2		5	
新 余 市	6		1	1			
鹰 潭 市	3		1	1			
赣 州 市	22		9	3		6	
吉 安 市	10		3	2		1	
宜 春 市	17		3	2		1	
抚 州 市	9		4	3		1	
上 饶 市	13		3	2		1	

房地产开发企业个数

单位：个

国有与集体联营企业	其他联营企业	国有独资公司	其他有限责任公司	股份有限公司	私营独资企业	私营合伙企业	私营有限责任公司
		72	**1811**	**164**	**3**	**1**	**2819**
		30	448	30		1	358
		1	80	6			77
		2	52	8			73
		5	248	17			274
		5	69	5			108
		2	76	5			100
		11	249	21			523
		4	86	13	1		309
		6	157	20			367
		1	136	22	2		269
		5	210	17			361

单位：个

其他港、澳、台投资企业	外商投资企业	中外合资经营企业	中外合作经营企业	独资企业	外商投资股份有限公司	其他外商投资企业
	24	**13**		**10**	**1**	
	9	5		3	1	
	3	1		2		
	1			1		
	1	1				
	1			1		
	2	2				
	3	3				
	1			1		
	1			1		
	2	1		1		

3-2 各地区按登记注册类型分

地区	总计	内资企业	国有企业	集体企业	股份合作企业	国有联营企业	集体联营企业
全省	**114278**	**112068**	**2015**	**7**			
南昌市	21223	19945	450				
景德镇市	3271	3203	82				
萍乡市	3803	3803	118				
九江市	14063	13921	632	7			
新余市	3420	3405	36				
鹰潭市	3264	3257					
赣州市	19544	19213	243				
吉安市	8584	8437	239				
宜春市	12580	12484	113				
抚州市	11315	11254	66				
上饶市	13211	13146	36				

3-2 续表

地区	私营股份有限公司	其他内资企业	港、澳、台商投资企业	合资经营企业(港、澳、台资)	合作经营企业(港、澳、台资)	港、澳、台商独资经营企业	港、澳、台商投资股份有限公司
全省	**2711**		**1795**	**846**		**949**	
南昌市	474		1109	458		651	
景德镇市	86		22	10		12	
萍乡市	48						
九江市	200		127	21		106	
新余市	81						
鹰潭市	76						
赣州市	546		305	185		120	
吉安市	176		76	49		27	
宜春市	335		89	67		22	
抚州市	368		55	47		8	
上饶市	321		12	9		3	

房地产开发企业年末从业人数

单位：人

国有与集体联营企业	其他联营企业	国有独资公司	其他有限责任公司	股份有限公司	私营独资企业	私营合伙企业	私营有限责任公司
		2666	**47428**	**5337**	**11**	**12**	**51881**
		1204	11169	1201		12	5435
		68	1482	149			1336
		54	1765	243			1575
		200	7155	507			5220
		38	1463	114			1673
		15	1816	142			1208
		533	6545	572			10774
		71	2078	350	3		5520
		243	3580	479			7734
		9	4520	952	8		5331
		231	5855	628			6075

单位：人

其他港、澳、台投资企业	外商投资企业	中外合资经营企业	中外合作经营企业	独资企业	外商投资股份有限公司	其他外商投资企业
	415	**263**		**137**	**15**	
	169	93		61	15	
	46	10		36		
	15			15		
	15	15				
	7			7		
	26	26				
	71	71				
	7			7		
	6			6		
	53	48		5		

3-3 各地区按登记注册类型分

地　　区	总　计	内资企业					
			国有企业	集体企业	股份合作企业	国有联营企业	集体联营企业
全　省	**184610395**	**176782424**	**2925858**	**49**	**4271**		
南昌市	88464412	81869132	362705				
景德镇市	3330269	3316406	41820				
萍乡市	3949052	3949052	37067				
九江市	13469574	13363753	424866	49	4271		
新余市	3079390	3078539	6191				
鹰潭市	3215651	3214217					
赣州市	27606549	27011998	438841				
吉安市	10946929	10857653	1423696				
宜春市	14134673	13961679	165225				
抚州市	6686460	6582201	1112				
上饶市	9727437	9577796	24336				

3-3 续表

地　　区			港、澳、台商投资企业				
	私营股份有限公司	其他内资企业		合资经营企业(港、澳、台资)	合作经营企业(港、澳、台资)	港、澳、台商独资经营企业	港、澳、台商投资股份有限公司
全　省	**4309573**		**6808866**	**2852779**		**3956087**	
南昌市	2511351		5811919	2144663		3667255	
景德镇市	16427		1714	1351		363	
萍乡市	6588						
九江市	195078		105822	791		105031	
新余市	30316		2	2			
鹰潭市	167352						
赣州市	636502		584449	542065		42384	
吉安市	258897		50203	16621		33582	
宜春市	169483		109470	94054		15415	
抚州市	193185		101353	31208		70145	
上饶市	124393		43935	22024		21911	

房地产开发企业资产总计

单位：万元

国有与集体联营企业	其他联营企业	国有独资公司	其他有限责任公司	股份有限公司	私营独资企业	私营合伙企业	私营有限责任公司
		23552875	**93670033**	**6128861**	**5604**	**58240**	**46127060**
		11886147	52340762	2792705		58240	11917221
		1277	2288571	272153			696159
		39649	2394143	260852			1210752
		2598868	6568327	379188			3193106
		202136	1473859	135714			1230323
		86675	1717392	313821			928977
		5468371	9167491	214275			11086518
		115283	4760924	268641	4		4030209
		3006736	3963341	930445			5726449
		44686	2993653	237367	5600		3106597
		103048	6001570	323700			3000750

单位：万元

其他港、澳、台投资企业	外商投资企业	中外合资经营企业	中外合作经营企业	独资企业	外商投资股份有限公司	其他外商投资企业
	1019105	**771114**		**247391**	**600**	
	783361	616122		166639	600	
	12149	147		12002		
	850	850				
	1434			1434		
	10101	10101				
	39073	39073				
	63525			63525		
	2906			2906		
	105707	104822		885		

3-4 各地区按资质等级分房地产开发企业个数

单位：个

地区	总计	一级	二级	三级	四级	暂定	其他
全省	**2601**	**23**	**135**	**430**	**332**	**1449**	**232**
南昌市	526	10	50	78	41	315	32
景德镇市	77		2	7	6	59	3
萍乡市	93	2	3	24	16	37	11
九江市	317	1	15	41	54	188	18
新余市	92		1	40	20	29	2
鹰潭市	83		2	14	12	37	18
赣州市	417		9	62	56	250	40
吉安市	185		11	48	13	93	20
宜春市	275	2	22	45	43	144	19
抚州市	208		7	26	21	117	37
上饶市	328	8	13	45	50	180	32

3-5 各地区按资质等级分房地产开发企业年末从业人数

单位：人

地区	总计	一级	二级	三级	四级	暂定	其他
全省	**86342**	**1261**	**6080**	**15145**	**9588**	**46470**	**7798**
南昌市	16779	451	2011	2236	1387	9792	902
景德镇市	2018		48	246	129	1432	163
萍乡市	3246	174	73	738	451	1296	514
九江市	10257	18	554	1440	1408	5886	951
新余市	2622		31	1341	454	746	50
鹰潭市	2396		79	473	300	1037	507
赣州市	14821		503	2955	1837	8339	1187
吉安市	5642		556	1533	295	2684	574
宜春市	9061	31	1245	1280	1083	4893	529
抚州市	9112		226	1663	1014	4725	1484
上饶市	10388	587	754	1240	1230	5640	937

3-6 各地区按资质等级分房地产开发企业资产总计

单位：万元

地区	总计	一级	二级	三级	四级	暂定	其他
全省	**147185431**	**4059428**	**12303824**	**28013545**	**13306839**	**78698634**	**10803161**
南昌市	67451518	2052079	7628442	12447092	5394891	35037315	4891699
景德镇市	3104959		123266	740871	87990	1904153	248679
萍乡市	3694400	404943	163865	883315	379072	1209953	653252
九江市	10951762	9000	487084	1312202	1066000	7396366	681109
新余市	3029814		76186	1312345	757083	839443	44757
鹰潭市	2910818		99835	429986	331528	1717009	332459
赣州市	25446715		863796	4251573	3144134	15859069	1328142
吉安市	6675460		501479	2812553	176176	2522950	662302
宜春市	10278099	933666	1563148	1844379	972241	4639633	325031
抚州市	5683868		283255	875510	344996	3218228	961880
上饶市	7958018	659740	513467	1103718	652728	4354515	673850

3-7 各地区按用途分房地产开发企业房屋施工面积

单位：平方米

地区	房屋施工面积	住宅	#别墅、高档公寓	办公楼	商业营业用房	其他
全省	**207386482**	**152468575**	**4844403**	**5823523**	**29216562**	**19877822**
南昌市	60939498	42950424	1515413	3975542	7043739	6969793
景德镇市	5336367	4298594	41149	44205	533622	459946
萍乡市	8433028	5912655	183801	61910	1441244	1017219
九江市	20703527	16079189	157116	236754	3039712	1347872
新余市	8778880	6703292	113153	39554	1112522	923512
鹰潭市	6402418	4654766	176135	109146	741056	897450
赣州市	34171494	24178515	783836	551041	5615274	3826664
吉安市	11801065	8673508	279605	79749	1861087	1186721
宜春市	18609882	14780362	1048023	254808	2464645	1110067
抚州市	15253473	11999001	139363	246437	2163205	844830
上饶市	16956850	12238269	406809	224377	3200456	1293748

3-8　各地区按资质等级分房地产开发企业房屋施工面积

单位：平方米

地　区	总　计	一　级	二　级	三　级	四　级	暂　定	其　他
全　省	**207386482**	**2833588**	**14247073**	**40117585**	**23476725**	**111498536**	**15212975**
南昌市	60939498	1569304	6516849	7918705	5096234	35243157	4595249
景德镇市	5336367		137976	516995	231584	4055160	394652
萍乡市	8433028	389736	621617	2151830	697381	3066671	1505793
九江市	20703527		856842	3253813	2830413	12647273	1115186
新余市	8778880		136160	3792660	1873728	2674422	301910
鹰潭市	6402418		276760	1011677	889851	3305523	918607
赣州市	34171494		896656	8346834	5185404	18011151	1731449
吉安市	11801065		368006	4328368	1009918	5043924	1050849
宜春市	18609882	53170	2777489	4107701	2263791	8898610	509121
抚州市	15253473		818729	2161541	1358033	9082598	1832572
上饶市	16956850	821378	839989	2527461	2040388	9470047	1257587

3-9　各地区按用途分房地产开发企业房屋新开工面积

单位：平方米

地　区	房屋新开工面　积	住　宅	#别墅、高档公　寓	办公楼	商业营业用　房	其　他
全　省	**58014939**	**44546544**	**1338268**	**773963**	**7115322**	**5579110**
南昌市	12775960	8694714	476434	377805	1739609	1963832
景德镇市	1871560	1614833	11953	1210	81459	174058
萍乡市	3255079	2217772	73547	19466	463454	554387
九江市	7208724	6298467	8006	8203	555003	347051
新余市	1620989	1317901		560	154329	148199
鹰潭市	1192567	927776	3453	11181	120111	133499
赣州市	10247745	8190611	93670	99256	1070390	887488
吉安市	3904989	2835210	64854	51966	592170	425643
宜春市	6006631	5076293	464714	33633	548664	348041
抚州市	4685792	3606253	82495	132868	672204	274467
上饶市	5244903	3766714	59142	37815	1117929	322445

3-10　各地区按资质等级分房地产开发企业房屋新开工面积

单位：平方米

地　区	总　计	一　级	二　级	三　级	四　级	暂　定	其　他
全　省	**58014939**	**302654**	**3742374**	**9062118**	**4151992**	**34059624**	**6696177**
南昌市	12775960	109828	1886294	1749947	634334	7866289	529268
景德镇市	1871560		137976	158099	83540	1120899	371046
萍乡市	3255079			1130847	140501	1622843	360888
九江市	7208724		63014	1228792	504568	4869319	543031
新余市	1620989			622676	370399	326004	301910
鹰潭市	1192567		152000	197748	192766	268398	381655
赣州市	10247745		321997	822743	576734	6978137	1548134
吉安市	3904989		179544	1004067	241953	1889785	589640
宜春市	6006631	800	783329	1542284	449487	3105494	125237
抚州市	4685792		175378	119625	495899	2796926	1097964
上饶市	5244903	192026	42842	485290	461811	3215530	847404

3-11　各地区按用途分房地产开发企业房屋竣工面积

单位：平方米

地　区	房屋竣工面积	住　宅	#别墅、高档公寓	办公楼	商业营业用房	其　他
全　省	**20363941**	**15151427**	**314779**	**505554**	**3036873**	**1670087**
南昌市	6345134	4623450	158070	312793	789646	619245
景德镇市	644728	572419	11953		60745	11564
萍乡市	663091	607592			40811	14688
九江市	1155758	800658	1746	763	280946	73391
新余市	1582280	1316281	540	2820	137299	125880
鹰潭市	336593	305713			27533	3347
赣州市	2342247	1513377	20446	67856	432523	328491
吉安市	1591976	1318158	83005	1973	204610	67235
宜春市	1855381	1603357	8229	1891	183625	66508
抚州市	968608	646004		5600	176277	140727
上饶市	2878145	1844418	30790	111858	702858	219011

3-12 各地区按资质等级分房地产开发企业房屋竣工面积

单位：平方米

地 区	总 计	一 级	二 级	三 级	四 级	暂 定	其 他
全 省	**20363941**	**99864**	**2029241**	**4217266**	**2778657**	**10066064**	**1172849**
南 昌 市	6345134	65582	962143	1299889	427688	3144947	444885
景德镇市	644728			61682	81056	501990	
萍 乡 市	663091			177196	56192	302363	127340
九 江 市	1155758		71265	222609	246672	584464	30748
新 余 市	1582280		136160	505107	672688	268325	
鹰 潭 市	336593				56334	128704	151555
赣 州 市	2342247		196302	555972	345786	1061541	182646
吉 安 市	1591976		10769	524601	61938	923114	71554
宜 春 市	1855381	9829	445466	428162	325858	586256	59810
抚 州 市	968608		82132	69578	140890	641365	34643
上 饶 市	2878145	24453	125004	372470	363555	1922995	69668

3-13 各地区按用途分房地产开发企业房屋竣工价值

单位：万元

地 区	房屋竣工价 值	住 宅	#别墅、高档公 寓	办公楼	商业营业用 房	其 他
全 省	**5220766**	**3805862**	**76670**	**194590**	**832333**	**387981**
南 昌 市	1948800	1403812	46897	123673	237272	184043
景德镇市	126481	105113	3300		19577	1791
萍 乡 市	168433	155047			9628	3758
九 江 市	252428	177523	349	115	64568	10222
新 余 市	270651	213005	159	410	29303	27933
鹰 潭 市	106819	97765			8182	872
赣 州 市	550955	309905	5365	37920	129577	73553
吉 安 市	356821	294665	10083	391	50526	11239
宜 春 市	473759	407080	2264	539	59632	6508
抚 州 市	218494	160001		1672	38450	18371
上 饶 市	747125	481946	8253	29870	185618	49691

3-14　各地区按资质等级分房地产开发企业房屋竣工价值

单位：万元

地　区	总　计	一　级	二　级	三　级	四　级	暂　定	其　他
全　省	**5220766**	**29026**	**540920**	**986105**	**804688**	**2658997**	**201030**
南昌市	1948800	16086	283014	319214	315660	926806	88020
景德镇市	126481			12877	27389	86215	
萍乡市	168433			49564	8526	99691	10652
九江市	252428		14426	51376	42275	136024	8327
新余市	270651		33259	90548	80149	66695	
鹰潭市	106819				14972	48500	43347
赣州市	550955		34776	140817	69879	290639	14844
吉安市	356821		3084	96243	18536	224970	13988
宜春市	473759	2940	110959	97749	104783	152843	4485
抚州市	218494		25108	11828	24007	149899	7652
上饶市	747125	10000	36294	115889	98512	476715	9715

3-15　各地区房地产开发企业建造的房屋面积和造价

地　区	房屋施工面积(平方米)	房屋竣工面积(平方米)	房屋竣工价值(万元)	房屋竣工造价(元/平方米)
全　省	**207386482**	**20363941**	**5220766**	**2564**
南昌市	60939498	6345134	1948800	3071
景德镇市	5336367	644728	126481	1962
萍乡市	8433028	663091	168433	2540
九江市	20703527	1155758	252428	2184
新余市	8778880	1582280	270651	1711
鹰潭市	6402418	336593	106819	3174
赣州市	34171494	2342247	550955	2352
吉安市	11801065	1591976	356821	2241
宜春市	18609882	1855381	473759	2553
抚州市	15253473	968608	218494	2256
上饶市	16956850	2878145	747125	2596

3-16 各地区按用途分房地产开发企业商品房销售面积

单位：平方米

地区	商品房销售面积	住宅	#别墅、高档公寓	办公楼	商业营业用房	其他
全省	**62011610**	**53894370**	**1346349**	**1191754**	**5648238**	**1277248**
南昌市	18463065	15365198	342795	866729	1633537	597601
景德镇市	1595245	1516994	10821	1500	72997	3754
萍乡市	1795766	1672063	88323		115390	8313
九江市	6773956	6194330	6726	8945	476985	93696
新余市	2102706	1984185	15838		89303	29218
鹰潭市	1800925	1661442	69592	64138	71297	4048
赣州市	10583976	9076982	153581	84668	1117666	304660
吉安市	3313249	2882716	100863	27938	348612	53983
宜春市	5266034	4693502	267980	73241	452317	46974
抚州市	4679327	4209455	159037	34102	406199	29571
上饶市	5637361	4637503	130793	30493	863935	105430

3-17 各地区按资质等级分房地产开发企业商品房销售面积

单位：平方米

地区	总计	一级	二级	三级	四级	暂定	其他
全省	**62011610**	**912133**	**4692321**	**9818376**	**6392031**	**34041479**	**6155270**
南昌市	18463065	400297	2321227	2623833	957567	10703465	1456676
景德镇市	1595245		67258	298963	48427	1017378	163219
萍乡市	1795766	111726	48699	403900	196106	728103	307232
九江市	6773956		281906	873156	1171130	3832415	615349
新余市	2102706		54115	993636	356176	621297	77482
鹰潭市	1800925		81466	127168	513164	812816	266311
赣州市	10583976		305049	1414441	1208418	6563563	1092505
吉安市	3313249		207199	949534	159287	1526973	470256
宜春市	5266034	10356	847591	1152211	691676	2365651	198549
抚州市	4679327		294791	469913	405073	2682996	826554
上饶市	5637361	389754	183020	511621	685007	3186822	681137

3-18　各地区按用途分房地产开发企业商品房期房销售面积

单位：平方米

地　　区	商品房期房销售面积	住　　宅	#别墅、高档公寓	办公楼	商业营业用房	其　　他
全　　省	**52870625**	**46697771**	**1154369**	**974742**	**4271425**	**926687**
南 昌 市	15653092	13261743	324882	763199	1184868	443282
景德镇市	1247216	1220659	6815		25102	1455
萍 乡 市	1432606	1350662	77669		74225	7719
九 江 市	5950710	5564637	4247	5000	295704	85369
新 余 市	1629743	1563649			49191	16903
鹰 潭 市	1509077	1445747	5392	4138	55144	4048
赣 州 市	10098793	8822621	140889	73394	988515	214263
吉 安 市	2662855	2358863	85882	25042	232670	46280
宜 春 市	4017549	3607522	255672	73241	321145	15641
抚 州 市	3985369	3606590	152582	27322	340721	10736
上 饶 市	4683615	3895078	100339	3406	704140	80991

3-19　各地区按用途分房地产开发企业房屋出租面积

单位：平方米

地　　区	房屋出租面积	住　　宅	#别墅、高档公寓	办公楼	商业营业用房	其　　他
全　　省	**168196**	**2968**			**165228**	
南 昌 市	158118	2968			155150	
景德镇市						
萍 乡 市						
九 江 市						
新 余 市						
鹰 潭 市						
赣 州 市	72				72	
吉 安 市						
宜 春 市	6210				6210	
抚 州 市	1728				1728	
上 饶 市	2068				2068	

3-20 各地区按用途分房地产开发企业商品房销售额

单位：万元

地区	商品房销售额	住宅	#别墅、高档公寓	办公楼	商业营业用房	其他
全省	**42201368**	**35245441**	**1165188**	**1021253**	**5225736**	**708938**
南昌市	15805835	12716041	428539	802993	1917436	369365
景德镇市	1015883	947504	6003	1050	65242	2087
萍乡市	982272	873802	63497		106102	2368
九江市	4038470	3538315	4402	8347	422920	68888
新余市	972487	908487	10557		53901	10099
鹰潭市	1001412	859487	83041	37733	102444	1748
赣州市	7320894	6106988	148049	80222	994123	139561
吉安市	1985846	1706451	63872	11213	247199	20983
宜春市	2922315	2453231	200040	33752	407462	27870
抚州市	2743422	2357770	79999	24426	342445	18781
上饶市	3412532	2777365	77189	21517	566462	47188

3-21 各地区按资质等级分房地产开发企业商品房销售额

单位：万元

地区	总计	一级	二级	三级	四级	暂定	其他
全省	**42201368**	**750844**	**3170047**	**6033171**	**3934484**	**23699281**	**4613541**
南昌市	15805835	377798	1743575	1825689	985586	9242481	1630706
景德镇市	1015883		44075	197102	27734	596318	150654
萍乡市	982272	67873	21781	211068	91934	386072	203544
九江市	4038470		180834	463399	645681	2349410	399146
新余市	972487		23223	505299	149072	243755	51138
鹰潭市	1001412		38170	63686	287183	498120	114253
赣州市	7320894		179123	1130040	761471	4548072	702188
吉安市	1985846		124618	528299	80756	944739	307434
宜春市	2922315	8410	521698	587719	380161	1349250	75077
抚州市	2743422		150774	246230	192713	1576550	577155
上饶市	3412532	296763	142176	274640	332193	1964514	402246

3-22 各地区房地产开发企业商品房待售情况

单位：平方米

地 区	商品房待售面积	#待售1-3年面积	#待售3年以上面积
全 省	**9506819**	**4722575**	**1387018**
南昌市	1811955	1000479	289966
景德镇市	417637	150265	12005
萍乡市	560634	322841	85709
九江市	1254444	580236	64840
新余市	590538	157569	208525
鹰潭市	230091	219324	3755
赣州市	1363880	635108	149309
吉安市	578240	387867	66508
宜春市	899884	498106	220218
抚州市	402066	141224	109930
上饶市	1397450	629556	176253

3-23 各地区按用途分房地产开发企业商品房待售面积

单位：平方米

地 区	商品房待售面积	住 宅	#别墅、高档公寓	办公楼	商业营业用房	其 他
全 省	**9506819**	**4980999**	**283772**	**399079**	**3444019**	**682722**
南昌市	1811955	1004345	47153	278334	449215	80061
景德镇市	417637	332287	26819		64879	20471
萍乡市	560634	324560	1906	1000	203114	31960
九江市	1254444	641055	12895	63800	497999	51590
新余市	590538	274199	23377		234425	81914
鹰潭市	230091	92834			132199	5058
赣州市	1363880	585209	19556	26933	605625	146113
吉安市	578240	321577	30722	10875	170728	75060
宜春市	899884	437492	76930	2412	436888	23092
抚州市	402066	138454	130	1245	242075	20292
上饶市	1397450	828987	44284	14480	406872	147111

3-24 各地区房地产开发企业土地开发及其购置情况

地　区	待开发土地面积（平方米）	本年土地购置面积（平方米）	本年土地成交价款（万元）
全　省	**11033228**	**5582206**	**2534660**
南 昌 市	2634188	1026248	1131157
景德镇市	368990	241564	111156
萍 乡 市	292972		
九 江 市	928775	220147	75133
新 余 市	38426		
鹰 潭 市	1309607	139131	34615
赣 州 市	1125138	1195930	270812
吉 安 市	575431	560326	163082
宜 春 市	2267736	554730	141039
抚 州 市	765064	812918	377314
上 饶 市	726901	831212	230352

3-25　各地区房地产开发企业主营业务收入及其构成

单位：万元

地　区	主营业务收入总计	土地转让收入	商品房销售收入
全　省	**26792480**	**470080**	**25741610**
南昌市	9309186	187620	8669244
景德镇市	628419	186	623004
萍乡市	748429	492	743588
九江市	2598841	3544	2550364
新余市	504674	100	498246
鹰潭市	404898	2520	401661
赣州市	4617201	266399	4334369
吉安市	1563574	542	1545903
宜春市	2614475	398	2610026
抚州市	1680435	6274	1658554
上饶市	2122350	2005	2106652

3-25　续表

单位：万元

地　区	房屋出租收入	其他收入
全　省	**84622**	**496168**
南昌市	51813	400508
景德镇市	284	4945
萍乡市	2876	1473
九江市	6360	38572
新余市	873	5456
鹰潭市	275	441
赣州市	3837	12597
吉安市	2131	14998
宜春市	1423	2628
抚州市	4784	10824
上饶市	9966	3727

3-26 各地区按登记注册类型分

地区	总计	内资企业					
			国有企业	集体企业	股份合作企业	国有联营企业	集体联营企业
全省	**30566010**	**29909851**	**332815**	**533**			
南昌市	9914178	9524065	113994				
景德镇市	712040	709981	2233				
萍乡市	811191	811191	393				
九江市	3010247	3002994	2594	533			
新余市	546809	546809	12442				
鹰潭市	492068	491081					
赣州市	4952106	4778978	53369				
吉安市	2304152	2258339	74568				
宜春市	3093810	3077516	53890				
抚州市	1948164	1928225	871				
上饶市	2781246	2780674	18460				

3-26 续表

地区			港、澳、台商投资企业				
	私营股份有限公司	其他内资企业		合资经营企业(港、澳、台资)	合作经营企业(港、澳、台资)	港、澳、台商独资经营企业	港、澳、台商投资股份有限公司
全省	**1293308**		**618362**	**362580**		**255782**	
南昌市	842139		358345	161427		196918	
景德镇市	1354		881	400		481	
萍乡市	11130						
九江市	49840		7253	1038		6215	
新余市	11144						
鹰潭市	4700						
赣州市	83402		169989	164944		5044	
吉安市	76610		45814	15131		30682	
宜春市	65773		16265	13386		2879	
抚州市	89928		19785	6223		13563	
上饶市	57287		31	31			

房地产开发企业营业收入

单位：万元

国有与集体联营企业	其他联营企业	国有独资公司	其他有限责任公司	股份有限公司	私营独资企业	私营合伙企业	私营有限责任公司
		1371600	**14808285**	**1377464**	**929**		**10724917**
		841325	5656126	719343			1351139
		4085	511373	50813			140123
			368519	53138			378011
		45048	1895111	100233			909635
		1533	211563	39671			270456
		8062	269523	27633			181162
		298072	2008448	57688			2277999
		21866	378804	110865	29		1595597
		130730	1258145	95663			1473314
		52	786526	57108	900		992839
		20828	1464147	65310			1154642

单位：万元

其他港、澳、台投资企业	外商投资企业	中外合资经营企业	中外合作经营企业	独资企业	外商投资股份有限公司	其他外商投资企业
	37797	**13071**		**24426**	**300**	
	31769	9482		21987	300	
	1179	450		729		
	987			987		
	3139	3139				
	29			29		
	153			153		
	541			541		

3-27 各地区按登记注册类型分

地区	总计	内资企业					
			国有企业	集体企业	股份合作企业	国有联营企业	集体联营企业
全省	**139328700**	**133540120**	**2202942**		**2058**		
南昌市	67794593	63011824	253688				
景德镇市	2448933	2441201	34941				
萍乡市	3237304	3237304	42535				
九江市	10022370	9926108	371637		2058		
新余市	2398778	2398759	5373				
鹰潭市	2735335	2735298					
赣州市	21081120	20596363	382716				
吉安市	6794387	6760271	950841				
宜春市	9969880	9771953	139883				
抚州市	5376618	5337391					
上饶市	7469383	7323647	21329				

3-27 续表

地区			港、澳、台商投资企业				
	私营股份有限公司	其他内资企业		合资经营企业(港、澳、台资)	合作经营企业(港、澳、台资)	港、澳、台商独资经营企业	港、澳、台商投资股份有限公司
全省	**3346345**		**5122451**	**2176373**		**2946078**	
南昌市	1840785		4293068	1543588		2749480	
景德镇市	15104		30	9		21	
萍乡市	539						
九江市	178869		96262	359		95903	
新余市	19318						
鹰潭市	105980						
赣州市	597636		484172	456110		28062	
吉安市	238643		32104	1876		30228	
宜春市	106359		138570	123400		15171	
抚州市	168344		37387	28382		9005	
上饶市	74767		40858	22649		18209	

房地产开发企业负债合计

单位：万元

国有与集体联营企业	其他联营企业	国有独资公司	其他有限责任公司	股份有限公司	私营独资企业	私营合伙企业	私营有限责任公司
		12755082	**73620611**	**4249103**	**1**	**21069**	**37342909**
		7274949	41794187	2007577		21069	9819571
			1603632	237028			550495
		32695	1985862	189540			986134
		1151712	5348424	273598			2599810
		187886	1148909	59024			978248
		81692	1491531	282159			773936
		2620251	7509163	127753			9358844
		115150	2180691	201091	1		3073854
		1191451	3146827	511216			4676217
		11594	2503322	203377			2450754
		87701	4908064	156740			2075045

单位：万元

其他港、澳、台投资企业	外商投资企业	中外合资经营企业	中外合作经营企业	独资企业	外商投资股份有限公司	其他外商投资企业
	666130	**524151**		**141579**	**400**	
	489701	416773		72528	400	
	7701	10		7691		
	20	20				
	38			38		
	584	584				
	2013	2013				
	59356			59356		
	1840			1840		
	104877	104752		126		

第4篇

服务业企业财务状况篇

4-1　服务业法人单位基本情况

行　　业	单位数 （个）	从业人员 （人）
总　计	**212870**	**3347038**
交通运输、仓储和邮政业	**17126**	**455207**
企业	17042	453097
行政事业及非企业法人	84	2110
信息传输、软件和信息技术服务业	**15305**	**148993**
企业	15130	147382
行政事业及非企业法人	175	1611
房地产业	**8410**	**131832**
企业	8341	130868
行政事业及非企业法人	69	964
租赁和商务服务业	**48690**	**435498**
企业	47851	427628
行政事业及非企业法人	839	7870
科学研究和技术服务业	**16766**	**173864**
企业	14525	142810
行政事业及非企业法人	2241	31054
水利、环境和公共设施管理业	**3024**	**67275**
企业	2505	52536
行政事业及非企业法人	519	14739
居民服务、修理和其他服务业	**7983**	**76248**
企业	7814	74724
行政事业及非企业法人	169	1524
教育	**19171**	**697183**
企业	7187	105522
行政事业及非企业法人	11984	591661
卫生和社会工作	**8502**	**308953**
企业	2452	79838
行政事业及非企业法人	6050	229115
文化、体育和娱乐业	**10745**	**96086**
企业	9306	77735
行政事业及非企业法人	1439	18351
公共管理、社会保障和社会组织	**57148**	**755899**
企业	3	8
行政事业及非企业法人	57145	755891

注：房地产业未包含房地产开发经营数据。

4-2 交通运输、仓储和邮政业企业法人单位主要指标

行　业	单位数（个）	资产总计（万元）	负债合计（万元）	营业收入（万元）	从业人员（人）
总　计	**17042**	**78608990**	**39475068**	**20606308**	**453097**
铁路运输业	6	16635476	3431545	2440633	58608
道路运输业	14107	54259604	30677970	14507180	322892
城市公共交通运输	271	8205629	3921083	377675	28248
公路旅客运输	329	799902	417225	504999	22844
道路货物运输	13005	8009825	3758656	11833542	248237
道路运输辅助活动	502	37244249	22581007	1790963	23563
水上运输业	264	690309	357641	652137	8601
水上旅客运输	24	25810	10584	11249	511
水上货物运输	192	468786	257103	604904	6393
水上运输辅助活动	48	195713	89954	35983	1697
航空运输业	25	800047	264185	211653	4574
航空客货运输	7	242425	75930	99547	868
通用航空服务	12	28949	1720	2447	155
航空运输辅助活动	6	528673	186534	109660	3551
管道运输业	4	103824	53895	22521	264
海底管道运输	1	154	98	97	13
陆地管道运输	3	103670	53798	22424	251
多式联运和运输代理业	424	281048	125857	242772	3981
多式联运	1	2784	2208	4968	122
运输代理业	423	278264	123649	237804	3859
装卸搬运和仓储业	1373	5284845	4264884	1596617	22083
装卸搬运	708	651881	339048	204297	9929
通用仓储	90	117336	52280	47225	1743
低温仓储	25	86497	45832	27509	1007
危险品仓储	7	33042	16530	1738	66
谷物、棉花等农产品仓储	380	4102176	3650484	1156464	7251
中药材仓储	3	307	1	281	14
其他仓储业	160	293607	160709	159103	2073
邮政业	839	553836	299092	932795	32094
邮政基本服务	55	310479	161564	445570	13356
快递服务	780	241070	135314	485756	18680
其他寄递服务	4	2287	2213	1469	58

4-3　交通运输、仓储和邮政业企业法人单位分地区主要指标

地　区	单位数（个）	资产总计（万元）	负债合计（万元）	营业收入（万元）	从业人员（人）
全　省	**17042**	**78608990**	**39475068**	**20606308**	**453097**
南昌市	1660	43148823	24317231	3430776	70620
景德镇市	498	523036	344889	613859	11240
萍乡市	241	441788	267261	299863	7285
九江市	1518	2385082	1320032	1527089	29298
新余市	715	286147	113517	326629	10690
鹰潭市	960	800041	557366	959168	13557
赣州市	1731	5601432	4087345	1266137	34881
吉安市	1533	1729799	1112078	2291454	38351
宜春市	4758	4524103	2388288	4231473	117137
抚州市	1514	1439554	905794	1791036	34835
上饶市	1909	1127866	643500	1433998	26793

注：各地市数据中未包含铁路部门反馈数据。

4-4　信息传输、软件和信息技术服务业企业法人单位主要指标

行　业	单位数（个）	资产总计（万元）	负债合计（万元）	营业收入（万元）	从业人员（人）
总　计	**15130**	**11312045**	**5824869**	**8140881**	**147382**
电信、广播电视和卫星传输服务	407	6778052	3795657	3727666	40190
电信	346	6187972	3342342	3568014	32698
广播电视传输服务	58	589826	453207	158579	7469
卫星传输服务	3	254	108	1074	23
互联网和相关服务	2284	663996	338146	1020635	17121
互联网接入及相关服务	248	27183	8007	33024	1139
互联网信息服务	1174	314324	164791	670625	8532
互联网平台	125	83509	36020	108903	2457
互联网安全服务	11	2924	819	3479	123
互联网数据服务	29	124248	97527	79668	594
其他互联网服务	697	111810	30982	124936	4276
软件和信息技术服务业	12439	3869997	1691067	3392580	90071
软件开发	6273	2102457	909806	1818718	44741
集成电路设计	45	92391	72872	25253	490
信息系统集成和物联网技术服务	760	416456	225261	424949	7471
运行维护服务	63	71172	24010	62173	2544
信息处理和存储支持服务	64	68602	24557	13928	737
信息技术咨询服务	3990	916507	348411	803026	23638
数字内容服务	203	32018	12180	40338	1452
其他信息技术服务业	1041	170394	73969	204196	8998

4-5 信息传输、软件和信息技术服务业企业法人单位分地区主要指标

地　　区	单位数(个)	资产总计(万元)	负债合计(万元)	营业收入(万元)	从业人员(人)
全　　省	**15130**	**11312045**	**5824869**	**8140881**	**147382**
南 昌 市	4173	5860606	3309391	2738542	54645
景德镇市	272	216490	85781	194378	3428
萍 乡 市	336	285218	121298	241079	4032
九 江 市	1457	746840	262544	755753	15549
新 余 市	934	191544	65765	301259	8527
鹰 潭 市	476	196362	95921	172828	3389
赣 州 市	2435	1032309	434945	1010275	19125
吉 安 市	1064	470680	234950	445960	9256
宜 春 市	1129	729256	315342	674393	9256
抚 州 市	599	574462	386768	336500	5453
上 饶 市	2255	1008279	512165	1269915	14722

4-6 信息传输、软件和信息技术服务业企业法人单位分登记注册类型主要指标

登记注册类型	单位数(个)	资产总计(万元)	负债合计(万元)	营业收入(万元)	从业人员(人)
总　计	**15130**	**11312045**	**5824869**	**8140881**	**147382**
内资企业	**15100**	**10694397**	**5305653**	**7602625**	**142830**
国有企业	74	40180	9590	18342	456
集体企业	4	63700	55031	7696	281
股份合作企业	5	2111	1421	3838	50
联营企业	1	41584	26700	22992	433
有限责任公司	2253	4977626	2802368	2751040	40442
股份有限公司	319	2887432	1187774	1900122	21255
私营企业	12428	2677837	1222212	2893847	79781
其他企业	16	3928	556	4748	132
港、澳、台商投资企业	**10**	**339920**	**279514**	**190886**	**1869**
外商投资企业	**20**	**277728**	**239702**	**347370**	**2683**

4-7　房地产业企业法人单位主要指标

行　业	单位数（个）	资产总计（万元）	负债合计（万元）	营业收入（万元）	从业人员（人）
总　计	**8341**	**20749429**	**9440362**	**2466048**	**130868**
物业管理	3967	3685328	2438237	1019639	83716
房地产中介服务	3315	885275	374194	723821	33482
房地产租赁经营	827	10595450	4094624	351003	11435
其他房地产业	232	5583377	2533307	371585	2235

4-8　房地产业企业法人单位分地区主要指标

地　区	单位数（个）	资产总计（万元）	负债合计（万元）	营业收入（万元）	从业人员（人）
全　省	**8341**	**20749429**	**9440362**	**2466048**	**130868**
南 昌 市	2027	10399071	4992151	639453	46767
景德镇市	322	3494237	1735799	244154	5483
萍 乡 市	151	496704	103787	59765	3515
九 江 市	1067	913853	479964	362264	14039
新 余 市	343	51872	15234	74625	4957
鹰 潭 市	216	178489	22709	38202	2158
赣 州 市	1273	1213731	488790	298647	18860
吉 安 市	799	481072	223033	124779	9223
宜 春 市	651	1948688	601764	186975	9336
抚 州 市	434	290593	70903	56361	5209
上 饶 市	1058	1281120	706229	380823	11321

4-9 房地产业企业法人单位分登记注册类型主要指标

登记注册类型	单位数(个)	资产总计(万元)	负债合计(万元)	营业收入(万元)	从业人员(人)
总 计	**8341**	**20749429**	**9440362**	**2466048**	**130868**
内资企业	**8307**	**20431902**	**9251046**	**2436113**	**130130**
国有企业	180	3702402	1956990	161706	3251
集体企业	127	130224	150479	13215	1063
股份合作企业	3	1029	735	423	30
联营企业	6	7474	561	2164	525
有限责任公司	1583	11715339	4507999	815265	41444
股份有限公司	211	1753600	1055592	107147	6689
私营企业	6191	3121564	1578547	1335495	77077
其他企业	6	271	144	698	51
港、澳、台商投资企业	**24**	**279556**	**179175**	**20269**	**274**
外商投资企业	**10**	**37971**	**10141**	**9666**	**464**

4-10 租赁和商务服务业企业法人单位主要指标

行 业	单位数(个)	资产总计(万元)	负债合计(万元)	营业收入(万元)	从业人员(人)
总 计	**47851**	**104529061**	**51476607**	**12602965**	**427628**
租赁业	4590	1345046	516842	1253767	37415
机械设备经营租赁	4508	1335901	513397	1238480	36890
文体设备和用品出租	75	7715	3395	14297	484
日用品出租	7	1429	50	990	41
商务服务业	43261	103184016	50959765	11349199	390213
组织管理服务	9384	85204911	42826230	2870591	68066
综合管理服务	727	1704657	738879	326985	8238
法律服务	648	70115	33504	132818	6429
咨询与调查	13449	7602041	3718875	2311106	84279
广告业	8131	1546762	650462	1952274	55934
人力资源服务	4054	868304	330594	1929039	87759
安全保护服务	549	248095	102535	320211	32875
会议、展览及相关服务	922	238848	92082	221855	6218
其他商务服务业	5397	5700284	2466605	1284320	40415

4-11　租赁和商务服务业企业法人单位分地区主要指标

地　区	单位数（个）	资产总计（万元）	负债合计（万元）	营业收入（万元）	从业人员（人）
全　省	**47851**	**104529061**	**51476607**	**12602965**	**427628**
南昌市	9775	31364985	15857376	2963761	109669
景德镇市	970	1763638	1534792	294037	9868
萍乡市	1087	1248928	491494	298510	10010
九江市	5063	7914774	3895496	1532007	48377
新余市	6808	2049664	1090313	1272876	45516
鹰潭市	2235	6088190	3114232	757367	17345
赣州市	6193	9292435	4962700	1211488	47946
吉安市	3441	5240247	1994871	1079118	27775
宜春市	4567	11239671	6536358	1231813	48016
抚州市	2122	11213801	4807575	535242	20651
上饶市	5590	17112730	7191401	1426747	42455

4-12　租赁和商务服务业企业法人单位分登记注册类型主要指标

登记注册类型	单位数（个）	资产总计（万元）	负债合计（万元）	营业收入（万元）	从业人员（人）
总　计	**47851**	**104529061**	**51476607**	**12602965**	**427628**
内资企业	**47807**	**104257332**	**51317773**	**12577612**	**427031**
国有企业	346	11726787	6518617	250764	15452
集体企业	122	66807	16076	32665	2616
股份合作企业	33	7304	8761	9232	299
联营企业	19	2981	494	3178	221
有限责任公司	7228	73026731	36918667	3202316	81204
股份有限公司	875	6005412	2970717	524071	7164
私营企业	38516	13348966	4870013	8462874	315728
其他企业	668	72343	14427	92512	4347
港、澳、台商投资企业	**27**	**251462**	**151322**	**20128**	**353**
外商投资企业	**17**	**20268**	**7513**	**5225**	**244**

4-13 科学研究和技术服务业企业法人单位主要指标

行 业	单位数（个）	资产总计（万元）	负债合计（万元）	营业收入（万元）	从业人员（人）
总 计	**14525**	**55339487**	**26426760**	**5732736**	**142810**
研究和试验发展	1052	535540	265622	187913	7426
自然科学研究和试验发展	40	8048	1395	6634	376
工程和技术研究和试验发展	513	362632	202551	87080	3722
农业科学研究和试验发展	109	60317	24550	18761	1019
医学研究和试验发展	374	99517	34509	72181	2204
社会人文科学研究	16	5027	2618	3257	105
专业技术服务业	8734	52785883	25278572	4638531	103380
气象服务	33	2627	968	4831	207
地震服务	3	325	87	491	19
海洋服务					
测绘地理信息服务	417	101714	40272	99318	4130
质检技术服务	911	390501	140757	282892	11982
环境与生态监测检测服务	218	69161	31096	50698	2626
地质勘查	205	158643	71393	91078	3438
工程技术与设计服务	4779	51654183	24855736	3674853	65479
工业与专业设计及其他专业技术服务	2168	408729	138263	434371	15499
科技推广和应用服务业	4739	2018064	882566	906291	32004
技术推广服务	3609	1412744	594831	677591	24380
知识产权服务	218	401777	220215	29458	1322
科技中介服务	184	25942	10265	45561	1321
创业空间服务	50	51135	25933	38271	516
其他科技推广服务业	678	126465	31323	115410	4465

4-14　科学研究和技术服务业企业法人单位分地区主要指标

地　区	单位数(个)	资产总计(万元)	负债合计(万元)	营业收入(万元)	从业人员(人)
全　省	**14525**	**55339487**	**26426760**	**5732736**	**142810**
南昌市	3429	14734859	7975000	1799546	44534
景德镇市	371	3203461	1582830	241504	3913
萍乡市	308	13947282	6119747	883700	3277
九江市	1571	4075060	2659039	665259	16938
新余市	807	90550	35176	178851	8495
鹰潭市	478	263867	72336	120627	3952
赣州市	2662	13126012	6206738	843875	26346
吉安市	1117	1078667	301025	239301	9008
宜春市	1127	3819407	1088726	306457	8918
抚州市	632	188504	69831	95961	4884
上饶市	2023	811818	316311	357654	12545

4-15　科学研究和技术服务业企业法人单位分登记注册类型主要指标

登记注册类型	单位数(个)	资产总计(万元)	负债合计(万元)	营业收入(万元)	从业人员(人)
总　计	**14525**	**55339487**	**26426760**	**5732736**	**142810**
内资企业	**14505**	**55211850**	**26406790**	**5728150**	**142502**
国有企业	386	3953936	1896136	551151	11905
集体企业	70	1312273	575458	66182	553
股份合作企业	19	24682	11489	13991	399
联营企业	12	4701	1479	4187	177
有限责任公司	2336	43612199	21543318	2330612	35898
股份有限公司	322	3133023	1203701	425861	5019
私营企业	11001	3133127	1170167	2294589	86666
其他企业	359	37911	5042	41576	1885
港、澳、台商投资企业	**10**	**7441**	**1644**	**3071**	**180**
外商投资企业	**10**	**120196**	**18325**	**1514**	**128**

4-16 水利、环境和公共设施管理业企业法人单位主要指标

行业	单位数（个）	资产总计（万元）	负债合计（万元）	营业收入（万元）	从业人员（人）
总计	**2505**	**49118002**	**28531158**	**1781876**	**52536**
水利管理业	193	730094	473511	27754	940
防洪除涝设施管理	11	927	262	2177	66
水资源管理	74	311048	139082	14390	352
天然水收集与分配	40	5114	434	605	48
水文服务	5	659	8	512	32
其他水利管理业	63	412345	333725	10070	442
生态保护和环境治理业	347	866041	674734	126931	3996
生态保护	44	26139	8702	10248	734
环境治理业	303	839902	666032	116683	3262
公共设施管理业	1865	29872681	18570142	966527	46471
市政设施管理	223	24772520	15537284	202970	2228
环境卫生管理	333	206966	207342	136455	22013
城乡市容管理	43	353234	83372	10658	315
绿化管理	644	274743	128733	155759	7088
城市公园管理	15	21321	19861	2860	285
游览景区管理	607	4243896	2593550	457825	14542
土地管理业	100	17649186	8812771	660664	1129
土地整治服务	38	4463555	2250474	76067	465
土地调查评估服务	16	4252	1394	1841	103
土地登记服务	3	2225	2409	239	9
土地登记代理服务	8	1284	1035	2593	75
其他土地管理服务	35	13177869	6557459	579925	477

4-17　水利、环境和公共设施管理业企业法人单位分地区主要指标

地　区	单位数(个)	资产总计(万元)	负债合计(万元)	营业收入(万元)	从业人员(人)
全　省	**2505**	**49118002**	**28531158**	**1781876**	**52536**
南昌市	345	2090294	1604767	144376	5310
景德镇市	116	2573614	1443535	100564	5441
萍乡市	48	246170	185661	19321	989
九江市	374	7274716	2689273	401763	6270
新余市	114	218712	111964	66505	989
鹰潭市	124	3029849	1190578	208163	1987
赣州市	377	4094510	2807698	147543	11058
吉安市	230	8155914	4501506	350859	6822
宜春市	225	1794321	872189	114159	2739
抚州市	154	1723177	633478	42475	5285
上饶市	398	17916727	12490511	186149	5646

4-18　水利、环境和公共设施管理业企业法人单位分登记注册类型主要指标

登记注册类型	单位数(个)	资产总计(万元)	负债合计(万元)	营业收入(万元)	从业人员(人)
总　计	**2505**	**49118002**	**28531158**	**1781876**	**52536**
内资企业	**2494**	**49056781**	**28510399**	**1774180**	**52297**
国有企业	84	8292117	4411016	324080	1918
集体企业	38	47915	38046	3294	322
股份合作企业	2	33087	32994	556	58
联营企业	2	5305	639	926	19
有限责任公司	579	36488748	22696970	911772	28186
股份有限公司	63	1383878	728695	51444	2091
私营企业	1645	2786063	598890	478649	19514
其他企业	81	19670	3149	3460	189
港、澳、台商投资企业	**5**	**27285**	**13293**	**4719**	**62**
外商投资企业	**6**	**33935**	**7466**	**2977**	**177**

4-19 居民服务、修理和其他服务业企业法人单位主要指标

行业	单位数(个)	资产总计(万元)	负债合计(万元)	营业收入(万元)	从业人员(人)
总计	**7814**	**1931366**	**973918**	**1378438**	**74724**
居民服务业	2960	677574	354235	505004	29862
家庭服务	840	66092	17827	111887	11095
托儿所服务	23	589	57	1510	106
洗染服务	124	25402	8550	19536	1341
理发及美容服务	433	87815	19418	77037	3833
洗浴和保健养生服务	410	140267	80148	82206	4543
摄影扩印服务	233	21252	5434	21898	1422
婚姻服务	232	16512	4335	24108	1338
殡葬服务	133	122733	49850	67228	1796
其他居民服务业	532	196913	168617	99594	4388
机动车、电子产品和日用产品修理业	3209	484422	161442	584430	23323
汽车、摩托车等修理与维护	2606	423798	141414	507100	20260
计算机和办公设备维修	285	26754	7187	31339	1284
家用电器修理	254	27880	11624	37864	1445
其他日用产品修理业	64	5989	1218	8127	334
其他服务业	1645	769370	458241	289004	21539
清洁服务	1156	138879	33381	197521	18200
宠物服务	27	19159	16007	2725	222
其他未列明服务业	462	611333	408853	88758	3117

4-20 居民服务、修理和其他服务业企业法人单位分地区主要指标

地区	单位数(个)	资产总计(万元)	负债合计(万元)	营业收入(万元)	从业人员(人)
全省	**7814**	**1931366**	**973918**	**1378438**	**74724**
南昌市	1643	912377	627927	283169	16063
景德镇市	264	44235	6938	61968	2622
萍乡市	197	52373	25426	37907	2147
九江市	941	143120	29827	191571	8614
新余市	382	37650	5500	101796	4308
鹰潭市	286	43633	8313	47819	1653
赣州市	1310	174714	47081	198005	12819
吉安市	649	136351	33768	158760	7583
宜春市	594	110501	92987	94344	4597
抚州市	504	119158	64154	55911	4534
上饶市	1044	157256	31997	147189	9784

4-21　居民服务、修理和其他服务业企业法人单位分登记注册类型主要指标

登记注册类型	单位数（个）	资产总计（万元）	负债合计（万元）	营业收入（万元）	从业人员（人）
总　计	**7814**	**1931366**	**973918**	**1378438**	**74724**
内资企业	**7810**	**1930947**	**973917**	**1378419**	**74715**
国有企业	33	137463	97961	8225	290
集体企业	44	9025	2492	9971	394
股份合作企业	8	1367	926	865	48
联营企业	4	130	24	97	10
有限责任公司	1004	334603	222573	231602	17362
股份有限公司	166	25286	9531	34790	1472
私营企业	6467	1406912	639164	1085434	54634
其他企业	84	16162	1247	7434	505
港、澳、台商投资企业	**4**	**419**	**1**	**19**	**9**
外商投资企业					

4-22　教育企业法人单位主要指标

行　　业	单位数（个）	资产总计（万元）	负债合计（万元）	营业收入（万元）	从业人员（人）
总　计	**7187**	**2349181**	**783551**	**1477275**	**105522**
学前教育	3325	534318	77631	372922	40449
初等教育	119	159753	69869	73500	6001
中等教育	193	535600	245560	219369	19554
高等教育	5	171104	64919	21569	1460
特殊教育	7	1264	392	1474	118
技能培训、教育辅助及其他教育	3538	947140	325181	788442	37940

4-23 教育企业法人单位分地区主要指标

地 区	单位数（个）	资产总计（万元）	负债合计（万元）	营业收入（万元）	从业人员（人）
全 省	**7187**	**2349181**	**783551**	**1477275**	**105522**
南 昌 市	757	471987	219187	241720	14007
景德镇市	277	47487	8531	63978	3601
萍 乡 市	322	183926	82071	80821	6342
九 江 市	815	203554	41533	225027	10461
新 余 市	270	64051	8793	50273	3201
鹰 潭 市	252	54419	14720	54693	3281
赣 州 市	1580	371086	111990	253994	20694
吉 安 市	668	169567	42900	103956	8049
宜 春 市	707	249206	97423	130174	11330
抚 州 市	440	88846	10152	45473	5036
上 饶 市	1099	445052	146251	227165	19520

4-24 教育企业法人单位分登记注册类型主要指标

登记注册类型	单位数（个）	资产总计（万元）	负债合计（万元）	营业收入（万元）	从业人员（人）
总 计	**7187**	**2349181**	**783551**	**1477275**	**105522**
内资企业	**7179**	**2340850**	**782895**	**1474995**	**105349**
国有企业	142	99281	20305	41178	3553
集体企业	30	6858	3481	7814	472
股份合作企业	39	10922	1863	12567	990
联营企业	23	4265	1425	2923	322
有限责任公司	460	360122	159526	182884	8592
股份有限公司	98	28204	5026	20292	1343
私营企业	5074	1028070	266929	827586	57559
其他企业	1313	803127	324340	379751	32518
港、澳、台商投资企业	**5**	**4681**	**413**	**801**	**119**
外商投资企业	**3**	**3649**	**242**	**1478**	**54**

4-25 卫生和社会工作企业法人单位主要指标

行 业	单位数(个)	资产总计(万元)	负债合计(万元)	营业收入(万元)	从业人员(人)
总 计	**2452**	**3055201**	**1550889**	**2003610**	**79838**
卫生	2084	2820594	1458901	1946118	75691
医院	540	2348841	1297319	1651822	60299
基层医疗卫生服务	1363	173256	52739	137913	7933
专业公共卫生服务	84	175088	32826	77769	3984
其他卫生活动	97	123408	76017	78614	3475
社会工作	368	234607	91988	57492	4147
提供住宿社会工作	324	229879	91200	53767	3858
不提供住宿社会工作	44	4728	788	3725	289

4-26 卫生和社会工作企业法人单位分地区主要指标

地 区	单位数(个)	资产总计(万元)	负债合计(万元)	营业收入(万元)	从业人员(人)
全 省	**2452**	**3055201**	**1550889**	**2003610**	**79838**
南 昌 市	321	356383	263028	245175	9829
景德镇市	90	65805	27310	43028	2306
萍 乡 市	98	174125	73925	77747	3182
九 江 市	367	90938	30463	63156	3727
新 余 市	66	15991	1045	11976	532
鹰 潭 市	72	26367	14558	23115	1186
赣 州 市	566	1519918	684593	1074817	34537
吉 安 市	112	68134	29452	30168	2360
宜 春 市	247	163346	75105	108471	5945
抚 州 市	186	142007	78411	78004	3969
上 饶 市	327	432188	272998	247953	12265

4-27 卫生和社会工作企业法人单位分登记注册类型主要指标

登记注册类型	单位数（个）	资产总计（万元）	负债合计（万元）	营业收入（万元）	从业人员（人）
总 计	**2452**	**3055201**	**1550889**	**2003610**	**79838**
内资企业	**2449**	**3041922**	**1549780**	**2002120**	**79734**
国有企业	154	1374670	630659	964191	27176
集体企业	150	26707	17693	17778	1098
股份合作企业	27	59096	34067	47300	2361
联营企业	17	4107	2144	3093	259
有限责任公司	202	355164	260524	261983	9857
股份有限公司	28	109389	51091	24260	1390
私营企业	1208	818262	398536	451039	24893
其他企业	663	294527	155066	232476	12700
港、澳、台商投资企业	**1**	**495**	**112**	**321**	**40**
外商投资企业	**2**	**12784**	**997**	**1170**	**64**

4-28 文化、体育和娱乐业企业法人单位主要指标

行 业	单位数（个）	资产总计（万元）	负债合计（万元）	营业收入（万元）	从业人员（人）
总 计	**9306**	**4515210**	**2145272**	**1994830**	**77735**
新闻和出版业	94	607021	196112	385956	4134
新闻业	8	655	348	1041	69
出版业	86	606366	195764	384914	4065
广播、电视、电影和录音制作业	766	302426	151649	243970	9441
广播	26	3090	1254	5242	507
电视	7	7765	2747	6889	65
影视节目制作	310	50249	17438	41852	2053
广播电视集成播控	1	9727	2490	1771	333
电影和广播电视节目发行	18	11023	6434	16369	268
电影放映	363	219449	121068	163970	6079
录音制作	41	1124	218	7878	136
文化艺术业	2393	1478566	842661	436017	19518
文艺创作与表演	765	288124	155885	177943	8538
艺术表演场馆	16	4601	2965	5989	370
图书馆与档案馆	47	5003	2325	6454	387
文物及非物质文化遗产保护	42	41098	23268	5701	410
博物馆	15	18523	11951	883	108
烈士陵园、纪念馆	1	12		69	4
群众文体活动	217	19249	4820	24605	1624
其他文化艺术业	1290	1101955	641448	214373	8077
体育	680	281358	132160	104550	6229
体育组织	145	30082	16765	16886	793
体育场地设施管理	48	99506	23509	13733	735
健身休闲活动	457	149567	91267	71423	4517
其他体育	30	2202	619	2507	184
娱乐业	5373	1845839	822691	824338	38413
室内娱乐活动	3570	397827	86508	398979	20369
游乐园	106	206008	137318	73619	2674
休闲观光活动	563	905992	426350	186918	7896
彩票活动	12	1604	67	1164	64
文化体育娱乐活动与经纪代理服务	1054	210855	106087	150960	6583
其他娱乐业	68	123553	66361	12698	827

4-29　文化、体育和娱乐业企业法人单位分地区主要指标

地　区	单位数（个）	资产总计（万元）	负债合计（万元）	营业收入（万元）	从业人员（人）
全　省	**9306**	**4515210**	**2145272**	**1994830**	**77735**
南昌市	1639	1502221	620609	688843	16961
景德镇市	521	157552	55661	118073	4891
萍乡市	313	101506	43747	65483	1997
九江市	1058	806423	485201	236177	9052
新余市	420	114170	48240	108619	4747
鹰潭市	381	117931	65034	87084	3270
赣州市	1506	412774	174233	205598	11529
吉安市	735	139050	34686	108369	5777
宜春市	755	346674	195571	124698	5918
抚州市	590	170563	65771	80223	4261
上饶市	1388	646346	356521	171663	9332

4-30　文化、体育和娱乐业企业法人单位分登记注册类型主要指标

登记注册类型	单位数（个）	资产总计（万元）	负债合计（万元）	营业收入（万元）	从业人员（人）
总　计	**9306**	**4515210**	**2145272**	**1994830**	**77735**
内资企业	**9298**	**4492443**	**2142894**	**1990637**	**77541**
国有企业	271	976490	574644	107182	5161
集体企业	27	4190	1041	2918	337
股份合作企业	6	225	33	291	33
联营企业	5	444	53	749	21
有限责任公司	1026	1446698	698630	654058	14964
股份有限公司	149	240411	151579	74875	2602
私营企业	7720	1812049	713707	1142854	53778
其他企业	94	11936	3207	7710	645
港、澳、台商投资企业	**7**	**17730**	**2264**	**3791**	**158**
外商投资企业	**1**	**5037**	**114**	**402**	**36**

4-31 国有控股企业分行业主要指标

行　业	单位数(个)	资产总计(万元)	负债合计(万元)	营业收入(万元)	从业人员(人)
总　计	**3260**	**230082117**	**121042969**	**13326356**	**208095**
交通运输、仓储和邮政业	**606**	**50502003**	**30130872**	**4217681**	**76914**
道路运输业	192	44734056	25853483	2318044	47902
水上运输业	12	201235	99623	32161	1471
航空运输业	7	785839	259004	202614	4352
管道运输业	1	103547	53719	22292	223
多式联运和运输代理业	14	36643	31410	37825	262
装卸搬运和仓储业	328	4280930	3647092	1111869	8003
邮政业	51	325594	172764	487068	14503
信息传输、软件和信息技术服务业	**159**	**5762211**	**2638012**	**3302027**	**36194**
电信、广播电视和卫星传输服务	97	5289470	2477758	3126522	33686
互联网和相关服务	9	52161	29576	4390	110
软件和信息技术服务业	53	420580	130677	171115	2398
房地产业	**351**	**11908819**	**5073295**	**304964**	**11755**
物业管理	133	387484	200436	81742	7043
房地产中介服务	22	101349	56779	3592	149
房地产租赁经营	175	6740276	2757508	80852	4255
其他房地产业	21	4679709	2058572	138777	308
租赁和商务服务业	**951**	**75927370**	**38622487**	**1437482**	**33759**
租赁业	28	19531	4094	8290	979
商务服务业	923	75907838	38618393	1429192	32780
科学研究和技术服务业	**599**	**47114994**	**22432012**	**2423427**	**25359**
研究和试验发展	23	137237	48918	9726	723
专业技术服务业	481	46867191	22305680	2399368	23638
科技推广和应用服务业	95	110567	77415	14334	998
水利、环境和公共设施管理业	**226**	**36564582**	**20775643**	**1033411**	**10216**
水利管理业	24	443637	330421	6523	269
生态保护和环境治理业	21	641480	599497	12727	299
公共设施管理业	148	18061933	11201926	364570	9077
土地管理业	33	17417531	8643798	649592	571
居民服务、修理和其他服务业	**68**	**223277**	**197413**	**46962**	**1309**
居民服务业	26	119081	154734	12486	445
机动车、电子产品和日用产品修理业	22	47369	17674	3263	162
其他服务业	20	56827	25004	31213	702
教育	**39**	**38081**	**4325**	**13628**	**743**
学前教育	4	1064	264	1282	123
初等教育					
中等教育					
高等教育					
技能培训、教育辅助及其他教育	35	37017	4060	12347	620
卫生和社会工作	**39**	**332276**	**232795**	**163834**	**5649**
卫生	31	330783	232583	163209	5569
社会工作	8	1494	212	626	80
文化、体育和娱乐业	**222**	**1708505**	**936117**	**382939**	**6197**
新闻和出版业	51	415224	122049	323962	1777
广播、电视、电影和录音制作业	80	52252	32042	24794	1470
文化艺术业	70	733135	446688	16823	1862
体育	4	105764	38153	7551	414
娱乐业	17	402130	297185	9810	674

注：不含铁路运输业、金融业、房地产开发经营。

4-32　非公有控股企业分行业主要指标

行　业	单位数（个）	资产总计（万元）	负债合计（万元）	营业收入（万元）	从业人员（人）
总　计	**121060**	**78334394**	**39264324**	**39646906**	**1279608**
交通运输、仓储和邮政业	**16244**	**11387238**	**5889616**	**13783279**	**313773**
道路运输业	13847	9504254	4814847	12153227	273199
水上运输业	231	452744	255669	545068	6394
航空运输业	18	14208	5181	9039	222
管道运输业	3	277	176	229	41
多式联运和运输代理业	405	239067	92864	188369	3654
装卸搬运和仓储业	960	948544	594577	441795	12693
邮政业	780	228145	126302	445551	17570
信息传输、软件和信息技术服务业	**14923**	**5442212**	**3122249**	**4811990**	**110556**
电信、广播电视和卫星传输服务	299	1389443	1257231	583882	6170
互联网和相关服务	2269	611039	308523	1015567	16970
软件和信息技术服务业	12355	3441730	1556495	3212541	87416
房地产业	**7783**	**8467497**	**4045272**	**2116364**	**116313**
物业管理	3761	3064471	2062550	918118	75151
房地产中介服务	3282	782350	316673	718223	33205
房地产租赁经营	532	3717808	1191366	248986	6084
其他房地产业	208	902867	474684	231037	1873
租赁和商务服务业	**45660**	**27657199**	**12328944**	**10912654**	**382007**
租赁业	4485	1311817	510376	1237398	35979
商务服务业	41175	26345382	11818568	9675256	346028
科学研究和技术服务业	**13397**	**6812858**	**3397036**	**3151073**	**112557**
研究和试验发展	1005	395682	216353	175398	6524
专业技术服务业	8089	4547234	2380555	2120809	76727
科技推广和应用服务业	4303	1869942	800128	854865	29306
水利、环境和公共设施管理业	**2118**	**12350455**	**7669470**	**723042**	**40886**
水利管理业	73	220278	139336	18460	446
生态保护和环境治理业	312	189556	58180	103722	3145
公共设施管理业	1669	11711175	7305385	589787	36744
土地管理业	64	229446	166568	11072	551
居民服务、修理和其他服务业	**7571**	**1651388**	**748018**	**1297392**	**71796**
居民服务业	2823	524594	189355	469560	28360
机动车、电子产品和日用产品修理业	3149	431648	141083	573241	22877
其他服务业	1599	695146	417580	254591	20559
教育	**3488**	**899876**	**307217**	**707105**	**36045**
学前教育	416	53458	7778	36290	4078
初等教育	32	6248	1391	3556	363
中等教育	12	35232	18110	16012	1215
高等教育					
特殊教育					
技能培训、教育辅助及其他教育	3028	804938	279937	651246	30389
卫生和社会工作	**1046**	**1074615**	**621859**	**602128**	**28447**
卫生	850	910172	548767	572794	26496
社会工作	196	164444	73092	29334	1951
文化、体育和娱乐业	**8830**	**2591055**	**1134643**	**1541878**	**67228**
新闻和出版业	32	25819	13872	23929	491
广播、电视、电影和录音制作业	671	237733	115701	215234	7499
文化艺术业	2219	725213	389047	404218	16549
体育	630	169694	92691	90796	5488
娱乐业	5278	1432596	523332	807702	37201

注：不含铁路运输业、金融业、房地产开发经营。

4-33 规模以上交通运输、仓储和

行业	固定资产原价（万元）	累计折旧（万元）	资产总计（万元）	负债合计（万元）	所有者权益合计（万元）	营业收入（万元）
总计	**42813484**	**8690899**	**89014584**	**38206202**	**50808383**	**15465870**
铁路运输业	15137670	4078154	35395546	6147247	29248299	3957264
铁路旅客运输	15096784	4063393	35361388	6133470	29227918	3951456
铁路货物运输	40886	14761	34158	13777	20381	5809
铁路运输辅助活动						
道路运输业	25764872	3890873	47704996	27767181	19937815	8608766
城市公共交通运输	822226	275604	8078989	3872485	4206504	307395
公路旅客运输	501490	251831	633072	333370	299702	428117
道路货物运输	1822216	783406	3106725	2036913	1069811	6225024
道路运输辅助活动	22618940	2580033	35886211	21524413	14361798	1648230
水上运输业	327244	148555	598392	314111	284281	567284
水上旅客运输	2957	1378	15256	9726	5530	5760
水上货物运输	245846	110946	415195	230675	184520	535867
水上运输辅助活动	78441	36231	167941	73710	94231	25657
航空运输业	677493	216957	761597	246014	515583	204171
航空客货运输	168006	32289	233964	60246	173719	96446
通用航空服务						
航空运输辅助活动	509487	184668	527633	185769	341864	107725
管道运输业						
海底管道运输						
陆地管道运输						
多式联运和运输代理业	14893	4663	53283	27626	25657	137269
多式联运	2206	530	2784	2208	576	4968
运输代理业	12687	4134	50498	25417	25081	132301
装卸搬运和仓储业	574167	175565	4077908	3450064	627844	1211085
装卸搬运	92683	19992	433245	197808	235438	58919
通用仓储	21589	6314	32994	12918	20076	22432
低温仓储	19545	9754	43386	29673	13713	23409
危险品仓储						
谷物、棉花等农产品仓储	389284	126724	3398658	3104200	294458	989465
中药材仓储						
其他仓储业	51066	12781	169625	105464	64161	116859
邮政业	317144	176133	422863	253959	168904	780031
邮政基本服务	262865	143626	307000	161075	145924	440534
快递服务	54280	32507	115863	92884	22980	339498
其他寄递服务						

注：规模以上铁路运输业企业数据存在内部往来未扣除。

邮政业企业法人单位主要指标

营业成本（万元）	税金及附加（万元）	销售费用、管理费用、财务费用合计（万元）	投资收益（万元）	营业利润（万元）	利润总额（万元）	应付职工薪酬（万元）	应交增值税（万元）	平均用工人数（人）
13345021	**98564**	**1727157**	**104881**	**764508**	**844772**	**2915246**	**314687**	**294929**
3671750	5404	143418	21271	179860	152030	1526149	533	97700
3667322	5354	142307	21271	178762	150937	1524590	140	97502
4428	50	1111		1098	1093	1560	393	198
7023438	81173	1259669	81342	515747	615788	1016389	272714	153171
323189	9724	88149	2558	75533	89797	195315	-66105	24234
368067	4896	65503	1317	28846	38129	95907	9489	18380
5543098	61722	364659	1111	260650	311918	527958	297283	93114
789083	4831	741358	76358	150718	175945	197209	32046	17443
447399	5095	53556	246	64093	65094	35537	29433	5913
4130	83	597		950	957	698	211	176
422031	4524	46347	141	63494	64485	23953	28483	4472
21238	487	6612	105	-351	-348	10887	739	1265
193738	909	31006	1597	-2995	-4781	62281	6814	3825
109636	331	8507		-10480	-9662	13165	3325	515
84102	577	22499	1597	7484	4881	49116	3489	3310
129385	235	6041	2	3109	3622	6811	790	843
4612	17	257		83	101	1029	204	120
124773	218	5785	2	3026	3520	5782	586	723
1213426	2440	119814	422	5946	18108	57391	3992	8737
43452	450	12925	-84	2009	3008	12900	1582	2649
20109	264	2903		-1011	-763	7571	688	1024
12964	498	6395		3553	3474	6224	374	887
1032163	827	84827	507	2425	13349	27021	806	3438
104738	401	12764		-1029	-960	3676	542	739
665886	3310	113653	1	-1252	-5089	210687	411	24740
370259	2341	64036		5141	2411	150002	-3785	13791
295627	968	49617	1	-6393	-7499	60685	4197	10949

4-34 规模以上信息传输、软件和

行　业	固定资产原　价(万元)	累计折旧(万元)	资产总计(万元)	负债合计(万元)	所有者权益合计(万元)	营业收入(万元)
总　计	**9599470**	**5315268**	**7843228**	**4139311**	**3703234**	**5469413**
电信、广播电视和卫星传输服务	9358709	5255002	6258463	3370253	2888210	3619510
电信	9053218	5074878	5807716	3003877	2803839	3483074
广播电视传输服务	305492	180124	450747	366376	84371	136437
卫星传输服务						
互联网和相关服务	29509	7423	346563	204967	141596	669964
互联网接入及相关服务	791	155	915	468	448	961
互联网信息服务	5885	2439	195181	122385	72796	499651
互联网平台	6855	2755	58386	23596	34790	94548
互联网安全服务	136	620	2187	702	1485	1917
互联网数据服务	15514	1279	69563	49759	19804	50197
其他互联网服务	329	174	20331	8056	12274	22689
软件和信息技术服务业	211252	52843	1238202	564092	673427	1179939
软件开发	168464	36628	672115	222408	449707	705282
集成电路设计	2989	1348	40975	25048	15927	17413
信息系统集成和物联网技术服务	22800	7989	288487	167895	120592	276825
运行维护服务	8962	3143	61729	20566	41163	54576
信息处理和存储支持服务	579	521	1559	533	1026	3411
信息技术咨询服务	4445	1365	161724	121080	39961	90268
数字内容服务	1662	1117	6594	3407	3187	2702
其他信息技术服务业	1352	732	5020	3155	1865	29461

信息技术服务业企业法人单位主要指标

营业成本（万元）	税金及附加（万元）	销售费用、管理费用、财务费用合计（万元）	投资收益（万元）	营业利润（万元）	利润总额（万元）	应付职工薪酬（万元）	应交增值税（万元）	平均用工人数（人）
3625442	**18519**	**1209744**	**17635**	**611924**	**622217**	**602456**	**61143**	**62305**
2433384	8755	696919	5611	460855	460456	434987	18391	39874
2379414	8709	620352	5367	454757	454229	388287	18325	32848
53970	46	76566	244	6098	6227	46701	66	7026
356266	1906	305704	8260	14355	17934	30446	10791	4610
636	22	89	6	220	220	40	33	8
233168	1120	250759	7761	22255	23995	17047	5561	2132
49960	360	46896	69	-2480	-2430	8884	1950	1826
657	12	956		292	293	675	96	60
51999	363	4548		-6713	-5072	2755	2829	397
19846	30	2456	425	781	927	1044	322	187
835793	7858	207122	3765	136714	143828	137023	31962	17821
490360	4980	131963	2501	84537	88218	63458	18022	7255
12919	31	2783		1642	1864	1417	132	154
213670	1491	44322	1149	18547	19264	29447	5989	3067
45497	364	5261	1	3194	3212	11065	1787	2103
2124	6	1105		177	220	1233	58	281
46141	684	17402	112	26122	28405	9640	4034	1452
1276	21	1229		176	232	573	114	129
23806	281	3056	1	2320	2414	20191	1826	3380

4-35 规模以上物业管理、房地产中介服务、房地产

行业	固定资产原价(万元)	累计折旧(万元)	资产总计(万元)	负债合计(万元)	所有者权益合计(万元)	营业收入(万元)
总计	**801117**	**146799**	**5512309**	**2989801**	**2522508**	**564589**
房地产业	801117	146799	5512309	2989801	2522508	564589
物业管理	132541	64142	1113724	927172	186552	302179
房地产中介服务	4527	1863	62552	27269	35283	90492
房地产租赁经营	663854	80753	4222476	2009184	2213292	167551
其他房地产业	195	41	113557	26175	87381	4368

4-36 规模以上租赁和商务

行业	固定资产原价(万元)	累计折旧(万元)	资产总计(万元)	负债合计(万元)	所有者权益合计(万元)	营业收入(万元)
总计	**952024**	**180370**	**7194008**	**4209847**	**2984161**	**2272528**
租赁业	49231	15190	141969	117882	24087	201554
机械设备经营租赁	49118	15165	140441	116366	24075	199136
文体设备和用品出租	113	25	1528	1516	12	2418
日用品出租						
商务服务业	902794	165180	7052039	4091965	2960074	2070974
组织管理服务	430751	76091	4510408	3111566	1398842	71301
综合管理服务	63129	5264	743888	163757	580130	106138
法律服务	3818	1831	7833	6022	1811	19300
咨询与调查	8314	2537	205099	129122	75978	105779
广告业	112623	42940	458393	282631	175762	566996
人力资源服务	13224	4096	126291	71446	54845	619401
安全保护服务	28376	16815	138522	66305	72217	186791
会议、展览及相关服务	880	453	23270	18776	4493	39566
其他商务服务业	241679	15153	838336	242340	595996	355704

租赁经营和其他房地产业企业法人单位主要指标

营业成本（万元）	税金及附加（万元）	销售费用、管理费用、财务费用合计（万元）	投资收益（万元）	营业利润（万元）	利润总额（万元）	应付职工薪酬（万元）	应交增值税（万元）	平均用工人数（人）
323472	**12993**	**188840**	**11501**	**56762**	**60127**	**179848**	**18508**	**38103**
323472	12993	188840	11501	56762	60127	179848	18508	38103
199182	5271	79196	1028	21428	22036	117358	8008	29724
47607	816	31030	1402	12250	12367	38347	3245	4856
72972	6376	78529	9071	23044	25417	24027	7026	3510
3712	531	85		40	308	116	229	13

服务业企业法人单位主要指标

营业成本（万元）	税金及附加（万元）	销售费用、管理费用、财务费用合计（万元）	投资收益（万元）	营业利润（万元）	利润总额（万元）	应付职工薪酬（万元）	应交增值税（万元）	平均用工人数（人）
1876023	**21358**	**277471**	**22214**	**103739**	**128532**	**307370**	**63562**	**64274**
172843	2203	14307	1	12241	12511	14603	18581	2893
171039	2188	14299	1	11650	11908	14517	18451	2880
1804	16	8		591	602	86	130	13
1703179	19155	263163	22212	91498	116022	292767	44981	61381
36664	2519	32342	18465	19545	33795	10809	1079	2286
71975	3404	26110	664	5385	5468	9710	4260	1585
7235	143	10346		1575	1575	3455	787	508
76102	1782	20829	26	7245	7367	22681	4449	2307
457162	5152	83326	-329	9338	13474	38569	13703	6513
581671	3333	26917	-454	7116	9225	103007	11502	19009
140944	1541	24210	366	20510	20297	76565	4010	24118
28582	208	7720	4	3064	3026	4349	687	655
302844	1074	31364	3470	17720	21795	23623	4506	4400

4-37 规模以上科学研究和技术

行业	固定资产原价(万元)	累计折旧(万元)	资产总计(万元)	负债合计(万元)	所有者权益合计(万元)	营业收入(万元)
总计	**512177**	**151355**	**9867716**	**5621237**	**4246479**	**1330686**
研究和试验发展	13130	7489	50242	17885	32357	13020
自然科学研究和试验发展						
工程和技术研究和试验发展	3614	2019	18790	9839	8951	1313
农业科学研究和试验发展	450	2	720	100	620	1038
医学研究和试验发展	9067	5469	30732	7946	22786	10670
社会人文科学研究						
专业技术服务业	436340	127852	9634133	5514425	4119708	1183026
气象服务						
地震服务						
海洋服务						
测绘地理信息服务	3648	1486	34798	18579	16219	30250
质检技术服务	56325	23041	125787	44497	81290	95296
环境与生态监测检测服务	11049	2328	20448	13536	6912	13176
地质勘查	3745	9379	38060	20257	17803	27854
工程技术与设计服务	346778	85612	9327427	5380959	3946468	924394
工业与专业设计及其他专业技术服务	14796	6007	87614	36598	51016	92056
科技推广和应用服务业	62707	16014	183342	88928	94414	134640
技术推广服务	33269	9965	96092	54039	42053	77748
知识产权服务	5321	2249	8827	1194	7633	5323
科技中介服务	4756	1064	7128	4733	2396	12428
创业空间服务	19241	2722	44952	24609	20343	32058
其他科技推广服务业	120	14	26342	4353	21989	7083

服务业企业法人单位主要指标

营业成本（万元）	税金及附加（万元）	销售费用、管理费用、财务费用合计（万元）	投资收益（万元）	营业利润（万元）	利润总额（万元）	应付职工薪酬（万元）	应交增值税（万元）	平均用工人数（人）
937296	**11587**	**299302**	**34522**	**108966**	**116805**	**301480**	**40919**	**30437**
9640	110	6100	1047	-1728	-1412	5117	117	526
1063	72	2912	765	-1909	-1524	2333	-58	214
531		435		72	72	122		32
8045	38	2754	282	109	39	2662	175	280
831862	9515	272702	33302	92290	97169	283805	37243	27485
22160	112	4157		3822	3821	5098	824	751
57238	891	26462	201	11644	11661	24342	3646	2910
6756	40	5607		755	1064	3844	148	447
24432	200	2709		501	501	4931	1448	1124
654028	7549	214876	33031	70037	74557	230420	29064	20518
67248	723	18891	70	5530	5565	15170	2114	1735
95794	1962	20499	173	18403	21048	12558	3559	2426
57275	335	11249	173	9206	10293	7488	954	1789
2808	68	1223		1225	1235	470	153	112
11967	39	797		-375	-360	301	390	84
19246	1471	4986		8056	9330	1063	1722	199
4498	49	2245		291	551	3237	341	242

4-38 规模以上水利、环境和公共设施

行　业	固定资产原　价(万元)	累计折旧(万元)	资产总计(万元)	负债合计(万元)	所有者权益合计(万元)	营业收入(万元)
总　计	**956532**	**279134**	**6186127**	**3055672**	**3130455**	**635277**
水利管理业	3383	770	3656	154	3502	1650
防洪除涝设施管理						
水资源管理						
天然水收集与分配						
水文服务						
其他水利管理业	3383	770	3656	154	3502	1650
生态保护和环境治理业	14261	8436	89337	38895	50443	47497
生态保护	5072	3672	5128	1887	3241	4125
环境治理业	9189	4764	84210	37008	47202	43372
公共设施管理业	722305	236463	2798563	1772533	1026031	470881
市政设施管理	9559	2356	22961	12193	10768	20956
环境卫生管理	11977	3132	46007	25119	20887	58272
城乡市容管理	317	19	525	211	314	2247
绿化管理	6643	1986	48794	20294	28499	41533
城市公园管理	1212	391	7989	8426	-437	1730
游览景区管理	692597	228579	2672289	1706289	966000	346142
土地管理业	216583	33465	3294571	1244091	2050479	115250
土地整治服务	64802	852	1265818	405631	860187	62059
土地调查评估服务						
土地登记服务						
土地登记代理服务						
其他土地管理服务	151782	32613	2028752	838460	1190292	53191

管理业企业法人单位主要指标

营业成本(万元)	税金及附加(万元)	销售费用、管理费用、财务费用合计(万元)	投资收益(万元)	营业利润(万元)	利润总额(万元)	应付职工薪酬(万元)	应交增值税(万元)	平均用工人数(人)
379041	**10626**	**173489**	**1557**	**78373**	**82836**	**90311**	**13307**	**22883**
1465	2	33		151	151	184	20	53
1465	2	33		151	151	184	20	53
34043	274	5805		7154	8125	3469	1926	642
2996	23	392		713	714	523	133	127
31047	251	5413		6440	7410	2946	1793	515
255689	7916	159200	1353	54343	57658	84533	10655	21951
18899	179	957	-13	970	809	624	233	100
44988	234	8447		4521	4970	27421	1036	10498
2104	23	82		37	37	201	140	54
34010	281	4854	-5	2429	2542	9388	971	2251
1842	26	768		-905	-927	990	90	113
153846	7174	144093	1372	47291	50226	45909	8186	8935
87844	2434	8451	203	16725	16903	2126	707	237
49665	133	5933		6328	6506	1388	438	114
38178	2300	2518	203	10397	10397	737	268	123

4-39 规模以上居民服务、修理和

行业	固定资产原价(万元)	累计折旧(万元)	资产总计(万元)	负债合计(万元)	所有者权益合计(万元)	营业收入(万元)
总计	**87680**	**21933**	**318273**	**175768**	**142505**	**321360**
居民服务业	50127	11848	191557	109364	82193	135100
家庭服务	2223	1116	8209	2789	5421	18961
托儿所服务						
洗染服务	885	218	826	301	526	1516
理发及美容服务	1744	422	43865	7595	36270	31745
洗浴和保健养生服务	25800	3508	84203	62522	21681	30244
摄影扩印服务						
婚姻服务	60	20	182		182	623
殡葬服务	12083	5034	42380	30455	11925	35550
其他居民服务业	7333	1530	11892	5703	6189	16461
机动车、电子产品和日用产品修理业	26138	5377	59919	24259	35660	126835
汽车、摩托车等修理与维护	25677	5209	57188	23982	33206	124370
计算机和办公设备维修	461	168	2732	277	2454	2465
家用电器修理						
其他日用产品修理业						
其他服务业	11416	4708	66797	42144	24653	59426
清洁服务	2300	690	12574	3923	8650	30226
宠物服务	590	11	15167	15067	100	518
其他未列明服务业	8526	4008	39056	23154	15902	28683

4-40 规模以上教育企业法人

行业	固定资产原价(万元)	累计折旧(万元)	资产总计(万元)	负债合计(万元)	所有者权益合计(万元)	营业收入(万元)
总计	**629600**	**172681**	**989190**	**474747**	**514444**	**561587**
学前教育	60756	9676	75865	20503	55362	30220
初等教育	77889	15327	111238	54106	57131	48204
中等教育	333045	83882	450609	225714	224894	172132
高等教育						
特殊教育						
技能培训、教育辅助及其他教育	157910	63797	351479	174423	177056	311032

其他服务业企业法人单位主要指标

营业成本（万元）	税金及附加（万元）	销售费用、管理费用、财务费用合计（万元）	投资收益（万元）	营业利润（万元）	利润总额（万元）	应付职工薪酬（万元）	应交增值税（万元）	平均用工人数（人）
220395	**4787**	**62662**	**619**	**35433**	**38574**	**65165**	**9055**	**13184**
74157	2543	35294	619	24853	27901	31775	4324	6097
15547	117	3156		145	163	9503	182	2738
1315	24	203		-26	-26	412	20	124
11580	345	9413	600	11009	13867	7614	2735	782
17159	1297	9960	19	2941	3015	5870	642	1287
270	1	88		264	264	206	1	55
15000	235	11001		9313	9404	5073	136	697
13286	525	1471		1208	1213	3098	609	414
94322	1805	15459	-1	15414	15493	14640	2638	3146
92458	1774	14988	-1	15315	15397	14339	2605	3070
1865	31	471		99	96	302	33	76
51917	438	11910		-4834	-4820	18749	2093	3941
25326	364	3948		592	588	10139	670	3391
6207		1641		-7330	-7350	401		95
20384	74	6321		1904	1942	8209	1423	455

单位分行业主要指标

营业成本（万元）	税金及附加（万元）	销售费用、管理费用、财务费用合计（万元）	投资收益（万元）	营业利润（万元）	利润总额（万元）	应付职工薪酬（万元）	应交增值税（万元）	平均用工人数（人）
364313	**3889**	**146888**	**1919**	**50470**	**51812**	**165069**	**5877**	**31590**
21676	30	6649	2	2241	2296	11844	6	3757
32978	3	11203	322	4361	4701	18066	29	3417
112671	93	45978	1	14788	15674	79125	204	14984
196988	3765	83058	1595	29080	29141	56034	5638	9432

4-41 规模以上卫生和社会工作

行业	固定资产原价（万元）	累计折旧（万元）	资产总计（万元）	负债合计（万元）	所有者权益合计（万元）	营业收入（万元）
总计	**1206748**	**437955**	**2263765**	**1249114**	**1014651**	**1625653**
卫生	1129669	429409	2186025	1228650	957375	1605146
医院	1051181	404646	2033967	1149323	884644	1468023
基层医疗卫生服务	12898	4630	30066	19145	10921	33159
专业公共卫生服务	44383	14671	69781	26899	42882	59086
其他卫生活动	21207	5462	52211	33282	18929	44878
社会工作	77079	8547	77741	20465	57276	20508
提供住宿社会工作	77079	8547	77741	20465	57276	20508
不提供住宿社会工作						

4-42 规模以上文化、体育和

行业	固定资产原价（万元）	累计折旧（万元）	资产总计（万元）	负债合计（万元）	所有者权益合计（万元）	营业收入（万元）
总计	**541852**	**143026**	**1497360**	**705858**	**791502**	**813714**
新闻和出版业	102073	53737	574490	180794	393696	365146
新闻业						
出版业	102073	53737	574490	180794	393696	365146
广播、电视、电影和录音制作业	72673	27776	156556	86849	69707	139773
广播			136		136	2081
电视	2845	1924	7600	2676	4924	6784
影视节目制作	1475	239	10157	5579	4578	5606
广播电视集成播控	7396	276	9727	2490	7237	1771
电影和广播电视节目发行	14	12	2407	1786	621	12399
电影放映	60942	25326	126529	74318	52211	111132
录音制作						
文化艺术业	90882	16757	156258	94975	61283	74047
文艺创作与表演	82161	13918	139207	84830	54377	50707
艺术表演场馆	3016	1918	2915	2740	175	4380
图书馆与档案馆	194	71	1416	1100	316	2309
文物及非物质文化遗产保护						
博物馆						
烈士陵园、纪念馆						
群众文体活动						
其他文化艺术业	5512	850	12719	6305	6415	16652
体育	24976	12532	156921	80349	76572	25410
体育组织			597	22	575	3221
体育场地设施管理	2648	1302	72081	6305	65776	7535
健身休闲活动	22328	11230	84243	74022	10222	14655
其他体育						
娱乐业	251249	32225	453135	262890	190244	209337
室内娱乐活动	23564	4607	42074	13809	28265	41445
游乐园	91787	7057	168503	127374	41130	63470
休闲观光活动	123220	18855	219705	106505	113199	81503
彩票活动						
文化体育娱乐活动与经纪代理服务	3962	1410	12560	10656	1904	20503
其他娱乐业	8717	296	10292	4546	5747	2415

企业法人单位分行业主要指标

营业成本（万元）	税金及附加（万元）	销售费用、管理费用、财务费用合计（万元）	投资收益（万元）	营业利润（万元）	利润总额（万元）	应付职工薪酬（万元）	应交增值税（万元）	平均用工人数（人）
1251728	**1524**	**290248**	**166**	**79722**	**85300**	**446574**	**1402**	**53375**
1237126	1483	284745	166	79255	84700	442378	1399	52174
1132230	1347	257207	166	74603	78169	410640	781	47112
25302	46	7117		676	1036	6960	199	1249
51841	72	4621		2581	3882	15593	411	2323
27753	18	15801		1395	1612	9187	9	1490
14601	41	5504		467	600	4196	3	1201
14601	41	5504		467	600	4196	3	1201

娱乐业法人单位主要指标

营业成本（万元）	税金及附加（万元）	销售费用、管理费用、财务费用合计（万元）	投资收益（万元）	营业利润（万元）	利润总额（万元）	应付职工薪酬（万元）	应交增值税（万元）	平均用工人数（人）
586268	**6668**	**167697**	**6063**	**67405**	**75200**	**115825**	**14375**	**17464**
273124	1759	60642	5802	37856	40327	49996	4784	3220
273124	1759	60642	5802	37856	40327	49996	4784	3220
89591	2790	34358	262	13166	13780	17728	3327	4048
1908	5			168	178	1041		327
1709	4	2031	127	3166	3230	804	19	36
3149	18	2036		407	380	1169	132	164
757	11	1095		-92	-92	1438	11	333
11954	2	248		196	196	125	10	13
70114	2751	28948	136	9321	9888	13151	3155	3175
54475	417	22949	18	1201	3197	11159	1967	2430
34190	347	18963	18	821	2580	8741	1451	2026
3191	14	2591		-36	-17	1222	32	184
1859	10	382		58	72	532	116	93
15235	47	1014		357	561	664	367	127
17535	282	9467	-3	-1028	-1006	5962	430	1281
2810	16	50		345	345	98	78	23
5705	80	2570		-418	-398	2257	91	343
9020	186	6847	-3	-955	-954	3606	261	915
151543	1419	40281	-17	16211	18902	30980	3868	6485
26077	562	9842	-21	4992	5036	6219	675	1589
56031	214	11423		-4142	-2347	11342	796	1930
51660	426	14446	4	15010	15323	12137	923	2730
16267	178	4110		-58	476	914	1432	119
1508	40	461		409	415	368	43	117

第5篇

服务业行政事业及非企业法人单位篇

5-1　服务业行政事业及非企业法人单位分行业主要指标

行　业	单位数 (个)	资产总计 (万元)	非企业单位 支出(费用) (万元)	从业人员 (人)
总　计	**80714**	**77740160**	**44611999**	**1654890**
交通运输、仓储和邮政业	**84**	**135406**	**45538**	**2110**
道路运输业	57	127031	42798	1911
水上运输业	9	5863	1902	89
航空运输业	1	20	85	8
多式联运和运输代理业				
装卸搬运和仓储业	13	2406	667	97
邮政业	4	85	87	5
信息传输、软件和信息技术服务业	**175**	**124176**	**39491**	**1611**
电信、广播电视和卫星传输服务	112	85865	27496	1191
互联网和相关服务	18	25867	3424	119
软件和信息技术服务业	45	12443	8572	301
房地产业	**69**	**273337**	**20831**	**964**
物业管理	27	82294	8996	436
房地产中介服务	20	17434	3333	194
房地产租赁经营	10	163172	2463	170
其他房地产业	12	10437	6038	164
租赁和商务服务业	**839**	**2166616**	**328043**	**7870**
租赁业	5	631	633	54
机械设备经营租赁	3	631	633	54
文体设备和用品出租	2			
商务服务业	834	2165985	327410	7816
组织管理服务	297	1914809	118915	3187
综合管理服务	67	42366	118836	1200
法律服务	167	6889	7605	655
咨询与调查	107	54565	26101	879
广告业	9	19439	8563	412
人力资源服务	87	14389	8919	355
安全保护服务	9	238	149	109
会议、展览及相关服务	25	14503	19526	418
其他商务服务业	66	98786	18796	601
科学研究和技术服务业	**2241**	**1640168**	**828184**	**31054**
研究和试验发展	198	278247	121777	4562
专业技术服务业	1145	1167924	630418	21942
科技推广和应用服务业	898	193997	75989	4550
水利、环境和公共设施管理业	**519**	**514959**	**238313**	**14739**
水利管理业	204	203974	35918	1839
防洪除涝设施管理	30	12513	7083	381
水资源管理	87	22453	5110	342

注：不含铁路运输业、金融业、房地产开发经营。

5-1 续表 1

行 业	单位数(个)	资产总计(万元)	非企业单位支出(费用)(万元)	从业人员(人)
天然水收集与分配	20	136274	7205	490
水文服务	7	5619	9071	233
其他水利管理业	60	27115	7450	393
生态保护和环境治理业	37	93642	27319	638
生态保护	34	92654	26695	610
环境治理业	3	988	624	28
公共设施管理业	264	195592	169797	12123
市政设施管理	43	33162	33579	970
环境卫生管理	70	68379	82284	8205
城乡市容管理	21	5456	15391	932
绿化管理	24	10129	11691	461
城市公园管理	22	6160	8904	344
游览景区管理	84	72308	17948	1211
土地管理业	14	21751	5279	139
土地整治服务	5	10455	2726	40
土地调查评估服务				
土地登记服务	1			
土地登记代理服务	2	702	2402	83
其他土地管理服务	6	10593	151	16
居民服务、修理和其他服务业	**169**	**68216**	**32807**	**1524**
居民服务业	140	57348	27162	1192
机动车、电子产品和日用产品修理业	2	660	1137	143
其他服务业	27	10208	4507	189
教育	**11984**	**20847305**	**9112404**	**591661**
学前教育	5539	1114304	521161	73189
初等教育	2709	3551287	2600186	219324
中等教育	2331	6133650	3167613	213374
高等教育	122	9179297	2456433	67743
特殊教育	88	48576	26082	1709
技能培训、教育辅助及其他教育	1195	820192	340929	16322
卫生和社会工作	**6050**	**10733184**	**7490687**	**229115**
卫生	4256	10190089	7333863	217258
医院	412	7130627	5069763	128648
基层医疗卫生服务	2983	1988154	1556732	63005
专业公共卫生服务	823	1063668	699864	25143
其他卫生活动	38	7640	7503	462
社会工作	1794	543095	156825	11857
提供住宿社会工作	1548	504496	136864	10354
不提供住宿社会工作	246	38599	19961	1503
文化、体育和娱乐业	**1439**	**1205227**	**471496**	**18351**
新闻和出版业	83	80622	51959	2543

5-1　续表 2

行　业	单位数(个)	资产总计(万元)	非企业单位支出(费用)(万元)	从业人员(人)
新闻业	51	41955	28060	1319
出版业	32	38667	23899	1224
广播、电视、电影和录音制作业	122	288528	154795	4760
广播	48	68478	21968	1165
电视	38	204741	120469	2870
影视节目制作	2	640	417	35
广播电视集成播控	8	9331	6229	387
电影和广播电视节目发行	1	98	46	6
电影放映	23	5235	5646	296
录音制作	2	6	19	1
文化艺术业	1077	475348	185481	9435
文艺创作与表演	90	14138	14330	1611
艺术表演场馆	5	1185	1016	44
图书馆与档案馆	216	100991	45579	2078
文物及非物质文化遗产保护	67	34406	15670	626
博物馆	106	112045	48547	1642
烈士陵园、纪念馆	36	98638	10406	342
群众文体活动	495	53829	40534	2631
其他文化艺术业	62	60117	9400	461
体育	93	167743	36014	893
体育组织	63	55125	26514	658
体育场地设施管理	10	112448	9350	136
健身休闲活动	20	170	150	99
其他体育				
娱乐业	64	192986	43247	720
室内娱乐活动	8	8381	3524	87
游乐园	1	18	42	5
休闲观光活动	1			
彩票活动	9	165361	32156	317
文化体育娱乐活动与经纪代理服务	45	19227	7524	311
其他娱乐业				
公共管理、社会保障和社会组织	**57145**	**40031567**	**26004205**	**755891**
中国共产党机关	1425	542207	785329	22469
国家机构	21029	31344673	22604847	555574
人民政协、民主党派	251	32502	86002	3411
社会保障	373	71988	690475	4808
群众团体、社会团体和其他成员组织	13050	1973021	466320	47348
基层群众自治组织	21017	6067176	1371231	122281

5-2 交通运输、仓储和邮政业行政事业及非企业法人单位分地区主要指标

地区	单位数(个)	资产总计(万元)	非企业单位支出(费用)(万元)	从业人员(人)
全省	**84**	**135406**	**45538**	**2110**
南昌市	12	7268	2860	163
景德镇市	4	478	382	25
萍乡市	2	6832	14526	182
九江市	11	35185	7559	336
新余市	3	195	149	25
鹰潭市	1	84	191	10
赣州市	8	14150	4259	379
吉安市	12	8839	4720	293
宜春市	9	42305	4971	271
抚州市	9	2375	2700	219
上饶市	13	17697	3222	207

5-3 信息传输、软件和信息技术服务业行政事业及非企业法人单位分地区主要指标

地区	单位数(个)	资产总计(万元)	非企业单位支出(费用)(万元)	从业人员(人)
全省	**175**	**124176**	**39491**	**1611**
南昌市	32	74513	13770	376
景德镇市	3	345	104	9
萍乡市	4	12499	1880	104
九江市	11	3267	3155	156
新余市	8	359	581	47
鹰潭市	3	783	1928	16
赣州市	21	6662	4147	268
吉安市	59	3443	2776	135
宜春市	11	8167	6534	249
抚州市	9	11905	2037	124
上饶市	14	2233	2580	127

5-4　租赁和商务服务业行政事业及非企业法人单位分地区主要指标

地　区	单位数(个)	资产总计(万元)	非企业单位支出(费用)(万元)	从业人员(人)
全　省	**69**	**273337**	**20831**	**964**
南昌市	8	8477	3773	186
景德镇市	3	6798	4006	73
萍乡市	2			
九江市	3	3461	1017	30
新余市	6	3841	2188	82
鹰潭市	2	354	191	20
赣州市	5	699	616	45
吉安市	7	170720	760	76
宜春市	8	6261	3744	163
抚州市	7	408	653	44
上饶市	18	72318	3883	245

5-5　科学研究和技术服务业行政事业及非企业法人单位分地区主要指标

地　区	单位数(个)	资产总计(万元)	非企业单位支出(费用)(万元)	从业人员(人)
全　省	**2241**	**1640168**	**828184**	**31054**
南昌市	335	828528	432340	11766
景德镇市	95	50791	16699	809
萍乡市	29	90928	37173	949
九江市	404	125871	70164	3070
新余市	80	116227	59691	1606
鹰潭市	88	120995	50163	3627
赣州市	174	83670	38124	2135
吉安市	282	87292	41415	2238
宜春市	234	42453	18741	1072
抚州市	276	32043	19440	1373
上饶市	244	61371	44234	2409

5-6 水利、环境和公共设施管理业行政事业及非企业法人单位分地区主要指标

地　区	单位数(个)	资产总计(万元)	非企业单位支出(费用)(万元)	从业人员(人)
全　省	**519**	**514959**	**238313**	**14739**
南昌市	71	251493	63622	3236
景德镇市	15	5414	5284	346
萍乡市	9	3472	2193	91
九江市	54	59778	22356	1047
新余市	9	5973	1041	77
鹰潭市	9	5997	553	73
赣州市	57	18017	10937	1222
吉安市	77	56102	49275	2425
宜春市	78	43522	15863	1470
抚州市	56	21105	28653	3403
上饶市	84	44085	38537	1349

5-7 居民服务、修理和其他服务业行政事业及非企业法人单位分地区主要指标

地　区	单位数(个)	资产总计(万元)	非企业单位支出(费用)(万元)	从业人员(人)
全　省	**169**	**68216**	**32807**	**1524**
南昌市	16	10558	8530	188
景德镇市	5	169	476	41
萍乡市	3	577	134	16
九江市	17	5803	2999	209
新余市	5	4967	2148	72
鹰潭市	4	1223	1394	37
赣州市	17	3532	2234	260
吉安市	24	10723	4145	153
宜春市	5	2766	1472	98
抚州市	9	14193	737	83
上饶市	64	13706	8540	367

5-8　教育行政事业及非企业法人单位分地区主要指标

地　区	单位数(个)	资产总计(万元)	非企业单位支出(费用)(万元)	从业人员(人)
全　省	**11984**	**20847305**	**9112404**	**591661**
南昌市	1351	7346496	2685267	108168
景德镇市	434	664573	321331	21259
萍乡市	306	560324	297688	21949
九江市	1298	3388758	909955	60215
新余市	450	545634	206586	16261
鹰潭市	327	241247	180761	14481
赣州市	2318	2839302	1463917	106807
吉安市	1423	1496778	760387	59343
宜春市	1217	1396359	838257	64314
抚州市	1079	1118309	577079	47242
上饶市	1781	1249525	871176	71622

5-9　卫生和社会工作行政事业及非企业法人单位分地区主要指标

地　区	单位数(个)	资产总计(万元)	非企业单位支出(费用)(万元)	从业人员(人)
全　省	**6050**	**10733184**	**7490687**	**229115**
南昌市	579	3105257	2289390	42683
景德镇市	157	425335	288596	9610
萍乡市	215	528710	333000	12373
九江市	684	1645872	822759	30191
新余市	137	382754	200078	7770
鹰潭市	160	159466	96871	5020
赣州市	1045	699203	445839	22768
吉安市	841	1054721	1082568	25728
宜春市	840	989521	766682	27706
抚州市	742	635269	472024	19695
上饶市	650	1107076	692880	25571

5-10　文化、体育和娱乐业行政事业及非企业法人单位分地区主要指标

地　　区	单位数(个)	资产总计(万元)	非企业单位支出(费用)(万元)	从业人员(人)
全　　省	**1439**	**1205227**	**471496**	**18351**
南 昌 市	147	655703	238333	5390
景德镇市	78	20318	16778	790
萍 乡 市	48	42031	17385	881
九 江 市	264	86406	34143	2405
新 余 市	53	6441	14778	553
鹰 潭 市	38	20541	4841	281
赣 州 市	184	64691	35215	1792
吉 安 市	189	148799	30224	2336
宜 春 市	153	33907	27430	1222
抚 州 市	108	33991	19032	1140
上 饶 市	177	92399	33340	1561

5-11　公共管理、社会保障和社会组织行政事业及非企业法人单位分地区主要指标

地　　区	单位数(个)	资产总计(万元)	非企业单位支出(费用)(万元)	从业人员(人)
全　　省	**57145**	**40031567**	**26004205**	**755891**
南 昌 市	5528	9735789	4635782	107970
景德镇市	2013	1865536	962770	30064
萍 乡 市	2326	1760515	1469990	36777
九 江 市	6758	3904431	2909873	76189
新 余 市	1636	1071915	697884	21253
鹰 潭 市	1681	1078895	829449	23272
赣 州 市	9314	5473062	4414263	126645
吉 安 市	7274	3925152	2203113	82822
宜 春 市	6956	6199662	2839727	86520
抚 州 市	6226	2365371	2209263	71379
上 饶 市	7433	2651240	2832091	93000

第6篇

企业信息化和电子商务交易情况篇

6-1　按行业门类分企业信息化基本情况

(2018年)

行　业	企业数(个)	使用计算机的企业		有信息技术人员的企业		有局域网的企业	
		数量(个)	比重(%)	数量(个)	比重(%)	数量(个)	比重(%)
总　计	**27055**	**26994**	**99.8**	**20255**	**74.9**	**18744**	**69.3**
采矿业	428	428	100.0	320	74.8	279	65.2
制造业	11146	11125	99.8	8915	80.0	8173	73.3
电力、热力、燃气及水生产和供应业	307	307	100.0	242	78.8	251	81.8
建筑业	2747	2736	99.6	2085	75.9	1873	68.2
批发和零售业	4413	4410	99.9	3064	69.4	2971	67.3
交通运输、仓储和邮政业	1620	1616	99.8	1076	66.4	970	59.9
住宿和餐饮业	1113	1113	100.0	850	76.4	765	68.7
信息传输、软件和信息技术服务业	303	303	100.0	294	97.0	243	80.2
房地产业	2790	2769	99.2	1723	61.8	1703	61.0
租赁和商务服务业	631	631	100.0	430	68.1	402	63.7
科学研究和技术服务业	326	326	100.0	258	79.1	250	76.7
水利、环境和公共设施管理业	160	160	100.0	115	71.9	106	66.3
居民服务、修理和其他服务业	210	209	99.5	154	73.3	109	51.9
教育	301	301	100.0	263	87.4	213	70.8
卫生和社会工作	261	261	100.0	237	90.8	231	88.5
文化、体育和娱乐业	299	299	100.0	229	76.6	205	68.6

6-1　续表 1

(2018年)

行　业	使用信息化管理的企业		有信息化投入的企业		使用互联网的企业	
	数量(个)	比重(%)	数量(个)	比重(%)	数量(个)	比重(%)
总　计	**25899**	**95.7**	**23552**	**87.1**	**26961**	**99.7**
采矿业	418	97.7	372	86.9	427	99.8
制造业	10715	96.1	9943	89.2	11099	99.6
电力、热力、燃气及水生产和供应业	302	98.4	278	90.6	307	100.0
建筑业	2621	95.4	2432	88.5	2734	99.5
批发和零售业	4229	95.8	3737	84.7	4405	99.8
交通运输、仓储和邮政业	1526	94.2	1325	81.8	1617	99.8
住宿和餐饮业	1069	96.0	997	89.6	1113	100.0
信息传输、软件和信息技术服务业	293	96.7	289	95.4	302	99.7
房地产业	2639	94.6	2243	80.4	2771	99.3
租赁和商务服务业	601	95.2	528	83.7	631	100.0
科学研究和技术服务业	316	96.9	301	92.3	326	100.0
水利、环境和公共设施管理业	151	94.4	137	85.6	160	100.0
居民服务、修理和其他服务业	199	94.8	181	86.2	209	99.5
教育	282	93.7	279	92.7	300	99.7
卫生和社会工作	255	97.7	249	95.4	261	100.0
文化、体育和娱乐业	283	94.6	261	87.3	299	100.0

6-1 续表 2

(2018年)

行业	连接宽带的企业		有网站的企业		通过互联网对本企业进行宣传和推广的企业	
	数量(个)	比重(%)	数量(个)	比重(%)	数量(个)	比重(%)
总　计	**26745**	**98.9**	**12253**	**45.3**	**22842**	**84.4**
采矿业	425	99.3	139	32.5	314	73.4
制造业	11007	98.8	5849	52.5	9595	86.1
电力、热力、燃气及水生产和供应业	307	100.0	153	49.8	243	79.2
建筑业	2717	98.9	1181	43.0	2277	82.9
批发和零售业	4364	98.9	1664	37.7	3651	82.7
交通运输、仓储和邮政业	1607	99.2	504	31.1	1265	78.1
住宿和餐饮业	1105	99.3	494	44.4	986	88.6
信息传输、软件和信息技术服务业	300	99.0	212	70.0	280	92.4
房地产业	2746	98.4	993	35.6	2332	83.6
租赁和商务服务业	624	98.9	243	38.5	529	83.8
科学研究和技术服务业	323	99.1	178	54.6	278	85.3
水利、环境和公共设施管理业	157	98.1	79	49.4	140	87.5
居民服务、修理和其他服务业	208	99.0	66	31.4	179	85.2
教育	299	99.3	182	60.5	276	91.7
卫生和社会工作	260	99.6	169	64.8	227	87.0
文化、体育和娱乐业	296	99.0	147	49.2	270	90.3

6-2 按地区分企业信息化基本情况

(2018年)

地区	企业数(个)	使用计算机的企业		有信息技术人员的企业		有局域网的企业	
		数量(个)	比重(%)	数量(个)	比重(%)	数量(个)	比重(%)
全　省	**27055**	**26994**	**99.8**	**20255**	**74.9**	**18744**	**69.3**
南昌市	4704	4701	99.9	3457	73.5	3511	74.6
景德镇市	704	704	100.0	581	82.5	507	72.0
萍乡市	1046	1044	99.8	828	79.2	821	78.5
九江市	3152	3128	99.2	2574	81.7	2254	71.5
新余市	837	837	100.0	547	65.4	521	62.2
鹰潭市	831	828	99.6	589	70.9	550	66.2
赣州市	4079	4076	99.9	3024	74.1	2930	71.8
吉安市	3123	3117	99.8	2388	76.5	2064	66.1
宜春市	3348	3337	99.7	2287	68.3	2195	65.6
抚州市	1763	1762	99.9	1312	74.4	1116	63.3
上饶市	3462	3454	99.8	2662	76.9	2269	65.5

6-2　续表 1

(2018年)

地　区	使用信息化管理的企业		有信息化投入的企业		使用互联网的企业	
	数量(个)	比重(%)	数量(个)	比重(%)	数量(个)	比重(%)
全　省	**25899**	**95.7**	**23552**	**87.1**	**26961**	**99.7**
南昌市	4519	96.1	4069	86.5	4701	99.9
景德镇市	679	96.4	633	89.9	701	99.6
萍乡市	1024	97.9	966	92.4	1043	99.7
九江市	3030	96.1	2835	89.9	3115	98.8
新余市	799	95.5	683	81.6	836	99.9
鹰潭市	792	95.3	673	81.0	828	99.6
赣州市	3915	96.0	3515	86.2	4069	99.8
吉安市	2939	94.1	2700	86.5	3116	99.8
宜春市	3170	94.7	2874	85.8	3329	99.4
抚州市	1699	96.4	1519	86.2	1761	99.9
上饶市	3327	96.1	3079	88.9	3456	99.8

6-2　续表 2

(2018年)

地　区	连接宽带的企业		有网站的企业		通过互联网对本企业进行宣传和推广的企业	
	数量(个)	比重(%)	数量(个)	比重(%)	数量(个)	比重(%)
全　省	**26745**	**98.9**	**12253**	**45.3**	**22842**	**84.4**
南昌市	4675	99.4	2610	55.5	4041	85.9
景德镇市	698	99.1	334	47.4	582	82.7
萍乡市	1036	99.0	553	52.9	929	88.8
九江市	3091	98.1	1397	44.3	2766	87.8
新余市	832	99.4	345	41.2	691	82.6
鹰潭市	816	98.2	344	41.4	680	81.8
赣州市	4031	98.8	1834	45.0	3447	84.5
吉安市	3096	99.1	1338	42.8	2646	84.7
宜春市	3298	98.5	1492	44.6	2728	81.5
抚州市	1755	99.5	768	43.6	1459	82.8
上饶市	3411	98.5	1232	35.6	2867	82.8

6-3 按行业门类分企业使用信息化管理情况

(2018年)

行 业	企业数(个)	使用信息化管理的企业数			
				财务管理	
		数量(个)	比重(%)	数量(个)	占使用信息化管理企业比重(%)
总 计	**27055**	**25899**	**95.7**	**21863**	**84.4**
采矿业	428	418	97.7	370	88.5
制造业	11146	10715	96.1	9270	86.5
电力、热力、燃气及水生产和供应业	307	302	98.4	274	90.7
建筑业	2747	2621	95.4	2234	85.2
批发和零售业	4413	4229	95.8	3362	79.5
交通运输、仓储和邮政业	1620	1526	94.2	1233	80.8
住宿和餐饮业	1113	1069	96.0	813	76.1
信息传输、软件和信息技术服务业	303	293	96.7	259	88.4
房地产业	2790	2639	94.6	2338	88.6
租赁和商务服务业	631	601	95.2	489	81.4
科学研究和技术服务业	326	316	96.9	274	86.7
水利、环境和公共设施管理业	160	151	94.4	132	87.4
居民服务、修理和其他服务业	210	199	94.8	141	70.9
教育	301	282	93.7	226	80.1
卫生和社会工作	261	255	97.7	218	85.5
文化、体育和娱乐业	299	283	94.6	230	81.3

6-3 续表 1

(2018年)

行 业	购销存管理		生产制造管理	
	数量(个)	占使用信息化管理企业比重(%)	数量(个)	占使用信息化管理企业比重(%)
总 计	**11040**	**42.6**	**4604**	**17.8**
采矿业	181	43.3	90	21.5
制造业	5671	52.9	3598	33.6
电力、热力、燃气及水生产和供应业	152	50.3	141	46.7
建筑业	428	16.3	195	7.4
批发和零售业	2665	63.0	220	5.2
交通运输、仓储和邮政业	240	15.7	57	3.7
住宿和餐饮业	427	39.9	52	4.9
信息传输、软件和信息技术服务业	124	42.3	28	9.6
房地产业	577	21.9	95	3.6
租赁和商务服务业	106	17.6	30	5.0
科学研究和技术服务业	57	18.0	32	10.1
水利、环境和公共设施管理业	32	21.2	10	6.6
居民服务、修理和其他服务业	72	36.2	10	5.0
教育	39	13.8	9	3.2
卫生和社会工作	158	62.0	23	9.0
文化、体育和娱乐业	111	39.2	14	4.9

6-3　续表 2　(2018年)

行　业	物流配送管理		客户关系管理	
	数量(个)	占使用信息化管理企业比重(%)	数量(个)	占使用信息化管理企业比重(%)
总　计	**2766**	**10.7**	**8734**	**33.7**
采矿业	31	7.4	115	27.5
制造业	1281	12.0	3574	33.4
电力、热力、燃气及水生产和供应业	18	6.0	83	27.5
建筑业	58	2.2	735	28.0
批发和零售业	679	16.1	1632	38.6
交通运输、仓储和邮政业	510	33.4	444	29.1
住宿和餐饮业	40	3.7	416	38.9
信息传输、软件和信息技术服务业	36	12.3	149	50.9
房地产业	26	1.0	889	33.7
租赁和商务服务业	26	4.3	222	36.9
科学研究和技术服务业	13	4.1	86	27.2
水利、环境和公共设施管理业	3	2.0	43	28.5
居民服务、修理和其他服务业	11	5.5	87	43.7
教育	5	1.8	88	31.2
卫生和社会工作	12	4.7	64	25.1
文化、体育和娱乐业	17	6.0	107	37.8

6-3　续表 3　(2018年)

行　业	人力资源管理		其他	
	数量(个)	占使用信息化管理企业比重(%)	数量(个)	占使用信息化管理企业比重(%)
总　计	**7856**	**30.3**	**4913**	**19.0**
采矿业	100	23.9	78	18.7
制造业	3398	31.7	1578	14.7
电力、热力、燃气及水生产和供应业	151	50.0	49	16.2
建筑业	896	34.2	715	27.3
批发和零售业	939	22.2	637	15.1
交通运输、仓储和邮政业	338	22.1	344	22.5
住宿和餐饮业	278	26.0	290	27.1
信息传输、软件和信息技术服务业	155	52.9	59	20.1
房地产业	811	30.7	573	21.7
租赁和商务服务业	228	37.9	136	22.6
科学研究和技术服务业	120	38.0	89	28.2
水利、环境和公共设施管理业	52	34.4	35	23.2
居民服务、修理和其他服务业	55	27.6	48	24.1
教育	125	44.3	126	44.7
卫生和社会工作	94	36.9	81	31.8
文化、体育和娱乐业	116	41.0	75	26.5

6-4 按地区分企业使用信息化管理情况

地区	企业数(个)	使用信息化管理的企业数			
				财务管理	
		数量(个)	比重(%)	数量(个)	占使用信息化管理企业比重(%)
全省	**27055**	**25899**	**95.7**	**21863**	**84.4**
南昌市	4704	4519	96.1	3889	86.1
景德镇市	704	679	96.4	580	85.4
萍乡市	1046	1024	97.9	911	89.0
九江市	3152	3030	96.1	2609	86.1
新余市	837	799	95.5	684	85.6
鹰潭市	831	792	95.3	691	87.2
赣州市	4079	3915	96.0	3275	83.7
吉安市	3123	2939	94.1	2379	80.9
宜春市	3348	3170	94.7	2606	82.2
抚州市	1763	1699	96.4	1429	84.1
上饶市	3462	3327	96.1	2804	84.3

6-4 续表 1

地区	购销存管理		生产制造管理	
	数量(个)	占使用信息化管理企业比重(%)	数量(个)	占使用信息化管理企业比重(%)
全省	**11040**	**42.6**	**4604**	**17.8**
南昌市	1852	41.0	704	15.6
景德镇市	304	44.8	104	15.3
萍乡市	440	43.0	194	18.9
九江市	1362	45.0	583	19.2
新余市	344	43.1	153	19.1
鹰潭市	354	44.7	129	16.3
赣州市	1901	48.6	819	20.9
吉安市	1268	43.1	598	20.3
宜春市	1352	42.6	562	17.7
抚州市	609	35.8	278	16.4
上饶市	1250	37.6	479	14.4

6-4 续表 2

地区	物流配送管理		客户关系管理	
	数量(个)	占使用信息化管理企业比重(%)	数量(个)	占使用信息化管理企业比重(%)
全　省	**2766**	**10.7**	**8734**	**33.7**
南昌市	461	10.2	1432	31.7
景德镇市	89	13.1	210	30.9
萍乡市	89	8.7	313	30.6
九江市	341	11.3	959	31.7
新余市	75	9.4	243	30.4
鹰潭市	86	10.9	253	31.9
赣州市	421	10.8	1306	33.4
吉安市	375	12.8	1073	36.5
宜春市	333	10.5	1092	34.4
抚州市	185	10.9	624	36.7
上饶市	309	9.3	1224	36.8

6-4 续表 3

地区	人力资源管理		其他	
	数量(个)	占使用信息化管理企业比重(%)	数量(个)	占使用信息化管理企业比重(%)
全　省	**7856**	**30.3**	**4913**	**19.0**
南昌市	1611	35.6	866	19.2
景德镇市	256	37.7	130	19.1
萍乡市	330	32.2	149	14.6
九江市	1036	34.2	432	14.3
新余市	220	27.5	165	20.7
鹰潭市	197	24.9	153	19.3
赣州市	1263	32.3	829	21.2
吉安市	824	28.0	526	17.9
宜春市	874	27.6	642	20.3
抚州市	425	25.0	308	18.1
上饶市	814	24.5	711	21.4

6-5 按行业门类分企业信息化设施及投入情况

(2018年)

行业	期末使用计算机		信息技术人员			从业人员平均人数数量（人）
	总数量（台）	百家企业拥有数量（台）	总数量（人）	百家企业拥有数量（人）	百人中信息技术人员数量	
总计	**896704**	**3314**	**100561**	**372**	**2**	**4677362**
采矿业	8911	2082	1130	264	2	70659
制造业	336619	3020	45526	408	2	2160205
电力、热力、燃气及水生产和供应业	51211	16681	1347	439	1	94718
建筑业	94303	3433	12587	458	1	1371722
批发和零售业	95986	2175	9941	225	4	243137
交通运输、仓储和邮政业	69267	4276	4786	295	2	255188
住宿和餐饮业	20166	1812	2413	217	4	66640
信息传输、软件和信息技术服务业	71666	23652	10098	3333	17	59833
房地产业	48321	1732	5263	189	4	124214
租赁和商务服务业	10820	1715	1697	269	3	61169
科学研究和技术服务业	18772	5758	1379	423	5	30511
水利、环境和公共设施管理业	3417	2136	572	358	3	21514
居民服务、修理和其他服务业	2942	1401	520	248	4	14181
教育	26362	8758	1386	460	4	31822
卫生和社会工作	29366	11251	903	346	2	53360
文化、体育和娱乐业	8575	2868	1013	339	5	18489

6-5 续表 1

(2018年)

行业	拥有网站		信息化投入		一次性投入	
	总数量（个）	百家企业拥有数量（个）	金额（万元）	占营业收入比例（%）	金额（万元）	占信息化投入比重（%）
总计	**13836**	**51**	**766319**	**0.2**	**528102**	**68.9**
采矿业	150	35	4624	0.1	3473	75.1
制造业	6549	59	303272	0.1	199114	65.7
电力、热力、燃气及水生产和供应业	174	57	25448	0.2	16048	63.1
建筑业	1298	47	43658	0.1	30208	69.2
批发和零售业	1950	44	55803	0.1	32675	58.6
交通运输、仓储和邮政业	556	34	30610	0.2	19563	63.9
住宿和餐饮业	541	49	10503	0.8	6592	62.8
信息传输、软件和信息技术服务业	303	100	200876	3.7	158959	79.1
房地产业	1121	40	31324	0.1	21272	67.9
租赁和商务服务业	269	43	9751	0.4	6365	65.3
科学研究和技术服务业	192	59	12499	0.9	8640	69.1
水利、环境和公共设施管理业	85	53	3092	0.5	2307	74.6
居民服务、修理和其他服务业	76	36	2206	0.7	835	37.9
教育	196	65	12523	2.2	7068	56.4
卫生和社会工作	189	72	14223	0.9	10952	77.0
文化、体育和娱乐业	187	63	5907	0.7	4032	68.3

6-5　续表 2　(2018年)

行　业	硬件投入		软件投入		运营维护投入	
	金额(万元)	占信息化投入比重(%)	金额(万元)	占信息化投入比重(%)	金额(万元)	占信息化投入比重(%)
总　计	**332676**	**43.4**	**195426**	**25.5**	**238217**	**31.1**
采矿业	2663	57.6	811	17.5	1150	24.9
制造业	128396	42.3	70718	23.3	104158	34.3
电力、热力、燃气及水生产和供应业	6823	26.8	9225	36.3	9400	36.9
建筑业	20440	46.8	9768	22.4	13450	30.8
批发和零售业	21115	37.8	11559	20.7	23128	41.4
交通运输、仓储和邮政业	14237	46.5	5325	17.4	11047	36.1
住宿和餐饮业	4074	38.8	2518	24.0	3911	37.2
信息传输、软件和信息技术服务业	92727	46.2	66232	33.0	41917	20.9
房地产业	14295	45.6	6977	22.3	10053	32.1
租赁和商务服务业	4604	47.2	1760	18.0	3386	34.7
科学研究和技术服务业	5422	43.4	3218	25.7	3859	30.9
水利、环境和公共设施管理业	1934	62.5	373	12.1	786	25.4
居民服务、修理和其他服务业	527	23.9	308	14.0	1371	62.1
教育	5505	44.0	1564	12.5	5455	43.6
卫生和社会工作	7383	51.9	3569	25.1	3271	23.0
文化、体育和娱乐业	2531	42.8	1501	25.4	1875	31.7

6-6　按地区分企业信息化设施及投入情况

地　区	期末使用计算机		信息技术人员			从业人员平均人数数量(人)
	总数量(台)	百家企业拥有数量(台)	总数量(人)	百家企业拥有数量(人)	百人中信息技术人员数量	
全　省	**896704**	**3314**	**100561**	**372**	**2**	**4677362**
南 昌 市	283677	6031	23904	508	2	1276740
景德镇市	21046	2989	2814	400	3	107789
萍 乡 市	25757	2462	3976	380	2	185097
九 江 市	72645	2305	10696	339	2	451596
新 余 市	24072	2876	2359	282	2	139780
鹰 潭 市	19438	2339	3000	361	2	134046
赣 州 市	118744	2911	13405	329	3	535978
吉 安 市	62966	2016	12090	387	3	451187
宜 春 市	81779	2443	10402	311	2	513653
抚 州 市	49456	2805	5903	335	2	295206
上 饶 市	72990	2108	11192	323	2	471621

6-6 续表 1

地区	拥有网站		信息化投入			
					一次性投入	
	总数量(个)	百家企业拥有数量(个)	金额(万元)	占营业收入比例(%)	金额(万元)	占信息化投入比重(%)
全　省	**13836**	**51**	**766319**	**0.2**	**528102**	**68.9**
南昌市	2994	64	253672	0.2	170446	67.2
景德镇市	390	55	24151	0.2	15192	62.9
萍乡市	637	61	16516	0.1	11201	67.8
九江市	1579	50	68619	0.1	48641	70.9
新余市	389	46	11527	0.1	7468	64.8
鹰潭市	415	50	16962	0.0	10828	63.8
赣州市	2071	51	79219	0.2	56478	71.3
吉安市	1561	50	59715	0.1	39927	66.9
宜春市	1662	50	51894	0.1	33658	64.9
抚州市	879	50	42853	0.2	27036	63.1
上饶市	1247	36	104811	0.2	80577	76.9

6-6 续表 2

地区	硬件投入		软件投入		运营维护投入	
	金额(万元)	占信息化投入比重(%)	金额(万元)	占信息化投入比重(%)	金额(万元)	占信息化投入比重(%)
全　省	**332676**	**43.4**	**195426**	**25.5**	**238217**	**31.1**
南昌市	129327	51.0	41119	16.2	83226	32.8
景德镇市	11275	46.7	3917	16.2	8959	37.1
萍乡市	7690	46.6	3511	21.3	5315	32.2
九江市	36861	53.7	11780	17.2	19978	29.1
新余市	4379	38.0	3089	26.8	4059	35.2
鹰潭市	6265	36.9	4563	26.9	6134	36.2
赣州市	36495	46.1	19983	25.2	22741	28.7
吉安市	27464	46.0	12463	20.9	19788	33.1
宜春市	23047	44.4	10611	20.4	18235	35.1
抚州市	16790	39.2	10245	23.9	15817	36.9
上饶市	23902	22.8	56675	54.1	24234	23.1

6-7　按行业门类分企业接入互联网情况

(2018年)

行　业	企业数(个)	使用互联网的企业		接入窄带		接入宽带	
		数量(个)	比重(%)	数量(个)	占接入互联网企业的比重(%)	数量(个)	占接入互联网企业的比重(%)
总　计	**27055**	**26961**	**99.7**	**1523**	**5.6**	**26745**	**99.2**
采矿业	428	427	99.8	11	2.6	425	99.5
制造业	11146	11099	99.6	568	5.1	11007	99.2
电力、热力、燃气及水生产和供应业	307	307	100.0	13	4.2	307	100.0
建筑业	2747	2734	99.5	169	6.2	2717	99.4
批发和零售业	4413	4405	99.8	260	5.9	4364	99.1
交通运输、仓储和邮政业	1620	1617	99.8	81	5.0	1607	99.4
住宿和餐饮业	1113	1113	100.0	76	6.8	1105	99.3
信息传输、软件和信息技术服务业	303	302	99.7	32	10.6	300	99.3
房地产业	2790	2771	99.3	171	6.2	2746	99.1
租赁和商务服务业	631	631	100.0	39	6.2	624	98.9
科学研究和技术服务业	326	326	100.0	20	6.1	323	99.1
水利、环境和公共设施管理业	160	160	100.0	12	7.5	157	98.1
居民服务、修理和其他服务业	210	209	99.5	13	6.2	208	99.5
教育	301	300	99.7	14	4.7	299	99.7
卫生和社会工作	261	261	100.0	27	10.3	260	99.6
文化、体育和娱乐业	299	299	100.0	17	5.7	296	99.0

6-7　续表　(2018年)

行　业	接入固定宽带		接入移动宽带		其他	
	数量(个)	占接入宽带企业的比重(%)	数量(个)	占接入宽带企业的比重(%)	数量(个)	占接入互联网企业的比重(%)
总　计	**21890**	**81.8**	**7823**	**29.3**	**259**	**1.0**
采矿业	357	84.0	100	23.5	2	0.5
制造业	8947	81.3	3251	29.5	92	0.8
电力、热力、燃气及水生产和供应业	274	89.3	78	25.4	1	0.3
建筑业	2288	84.2	758	27.9	32	1.2
批发和零售业	3503	80.3	1315	30.1	33	0.7
交通运输、仓储和邮政业	1264	78.7	490	30.5	15	0.9
住宿和餐饮业	855	77.4	372	33.7	15	1.3
信息传输、软件和信息技术服务业	262	87.3	95	31.7	9	3.0
房地产业	2318	84.4	742	27.0	31	1.1
租赁和商务服务业	496	79.5	188	30.1	8	1.3
科学研究和技术服务业	288	89.2	69	21.4	4	1.2
水利、环境和公共设施管理业	128	81.5	57	36.3	2	1.3
居民服务、修理和其他服务业	169	81.3	64	30.8	1	0.5
教育	256	85.6	89	29.8	4	1.3
卫生和社会工作	236	90.8	71	27.3	2	0.8
文化、体育和娱乐业	249	84.1	84	28.4	8	2.7

6-8 按地区分企业接入互联网情况

地区	企业数(个)	使用互联网的企业					
				接入窄带		接入宽带	
		数量(个)	比重(%)	数量(个)	占接入互联网企业的比重(%)	数量(个)	占接入互联网企业的比重(%)
全省	**27055**	**26961**	**99.7**	**1523**	**5.6**	**26745**	**99.2**
南昌市	4704	4701	99.9	230	4.9	4675	99.4
景德镇市	704	701	99.6	46	6.6	698	99.6
萍乡市	1046	1043	99.7	84	8.1	1036	99.3
九江市	3152	3115	98.8	167	5.4	3091	99.2
新余市	837	836	99.9	44	5.3	832	99.5
鹰潭市	831	828	99.6	54	6.5	816	98.6
赣州市	4079	4069	99.8	249	6.1	4031	99.1
吉安市	3123	3116	99.8	167	5.4	3096	99.4
宜春市	3348	3329	99.4	189	5.7	3298	99.1
抚州市	1763	1761	99.9	92	5.2	1755	99.7
上饶市	3462	3456	99.8	201	5.8	3411	98.7

6-8 续表

地区	接入固定宽带		接入移动宽带		其他	
	数量(个)	占接入宽带企业的比重(%)	数量(个)	占接入宽带企业的比重(%)	数量(个)	占接入互联网企业的比重(%)
全省	**21890**	**81.8**	**7823**	**29.3**	**259**	**1.0**
南昌市	4075	87.2	1075	23.0	39	0.8
景德镇市	547	78.4	230	33.0	8	1.1
萍乡市	926	89.4	205	19.8	8	0.8
九江市	2495	80.7	1003	32.4	24	0.8
新余市	702	84.4	209	25.1	7	0.8
鹰潭市	691	84.7	199	24.4	12	1.4
赣州市	3342	82.9	1197	29.7	53	1.3
吉安市	2472	79.8	982	31.7	22	0.7
宜春市	2595	78.7	1037	31.4	30	0.9
抚州市	1401	79.8	529	30.1	19	1.1
上饶市	2638	77.3	1156	33.9	37	1.1

6-9 按行业门类分企业通过互联网进行宣传推广情况

(2018年)

行业	企业数(个)	使用互联网的企业					
				通过互联网进行宣传推广的企业数		自有网站	
		数量(个)	比重(%)	数量(个)	占使用互联网企业的比重(%)	数量(个)	占使用互联网企业的比重(%)
总 计	**27055**	**26961**	**99.7**	**22842**	**84.7**	**6723**	**24.9**
采矿业	428	427	99.8	314	73.5	57	13.3
制造业	11146	11099	99.6	9595	86.4	3362	30.3
电力、热力、燃气及水生产和供应业	307	307	100.0	243	79.2	102	33.2
建筑业	2747	2734	99.5	2277	83.3	685	25.1
批发和零售业	4413	4405	99.8	3651	82.9	758	17.2
交通运输、仓储和邮政业	1620	1617	99.8	1265	78.2	231	14.3
住宿和餐饮业	1113	1113	100.0	986	88.6	217	19.5
信息传输、软件和信息技术服务业	303	302	99.7	280	92.7	174	57.6
房地产业	2790	2771	99.3	2332	84.2	492	17.8
租赁和商务服务业	631	631	100.0	529	83.8	149	23.6
科学研究和技术服务业	326	326	100.0	278	85.3	135	41.4
水利、环境和公共设施管理业	160	160	100.0	140	87.5	42	26.3
居民服务、修理和其他服务业	210	209	99.5	179	85.6	22	10.5
教育	301	300	99.7	276	92.0	116	38.7
卫生和社会工作	261	261	100.0	227	87.0	99	37.9
文化、体育和娱乐业	299	299	100.0	270	90.3	82	27.4

6-9 续表 1 (2018年)

行业	互联网广告		搜索引擎		电子商务平台	
	数量(个)	占使用互联网企业的比重(%)	数量(个)	占使用互联网企业的比重(%)	数量(个)	占使用互联网企业的比重(%)
总 计	**8749**	**32.5**	**3697**	**13.7**	**2897**	**10.7**
采矿业	110	25.8	60	14.1	26	6.1
制造业	3408	30.7	1645	14.8	1260	11.4
电力、热力、燃气及水生产和供应业	58	18.9	36	11.7	14	4.6
建筑业	676	24.7	365	13.4	144	5.3
批发和零售业	1569	35.6	561	12.7	700	15.9
交通运输、仓储和邮政业	411	25.4	161	10.0	132	8.2
住宿和餐饮业	426	38.3	127	11.4	227	20.4
信息传输、软件和信息技术服务业	142	47.0	77	25.5	67	22.2
房地产业	1189	42.9	331	11.9	147	5.3
租赁和商务服务业	221	35.0	91	14.4	56	8.9
科学研究和技术服务业	74	22.7	46	14.1	26	8.0
水利、环境和公共设施管理业	65	40.6	24	15.0	18	11.3
居民服务、修理和其他服务业	72	34.4	31	14.8	14	6.7
教育	112	37.3	42	14.0	15	5.0
卫生和社会工作	85	32.6	50	19.2	8	3.1
文化、体育和娱乐业	131	43.8	50	16.7	43	14.4

6-9 续表 2

(2018年)

行业	电子邮件		社交网站和即时通讯社交工具		其他	
	数量(个)	占使用互联网企业的比重(%)	数量(个)	占使用互联网企业的比重(%)	数量(个)	占使用互联网企业的比重(%)
总　计	**8405**	**31.2**	**5451**	**20.2**	**5113**	**19.0**
采矿业	141	33.0	57	13.3	58	13.6
制造业	3929	35.4	2015	18.2	1785	16.1
电力、热力、燃气及水生产和供应业	88	28.7	68	22.1	49	16.0
建筑业	935	34.2	493	18.0	431	15.8
批发和零售业	1142	25.9	983	22.3	931	21.1
交通运输、仓储和邮政业	544	33.6	296	18.3	272	16.8
住宿和餐饮业	255	22.9	263	23.6	277	24.9
信息传输、软件和信息技术服务业	94	31.1	89	29.5	95	31.5
房地产业	654	23.6	610	22.0	701	25.3
租赁和商务服务业	191	30.3	134	21.2	140	22.2
科学研究和技术服务业	103	31.6	73	22.4	62	19.0
水利、环境和公共设施管理业	58	36.3	42	26.3	49	30.6
居民服务、修理和其他服务业	54	25.8	49	23.4	44	21.1
教育	88	29.3	103	34.3	71	23.7
卫生和社会工作	56	21.5	76	29.1	62	23.8
文化、体育和娱乐业	73	24.4	100	33.4	86	28.8

6-10 按地区分企业通过互联网进行宣传推广情况

地　区	企业数(个)	使用互联网的企业		通过互联网进行宣传推广的企业数		自有网站	
		数量(个)	比重(%)	数量(个)	占使用互联网企业的比重(%)	数量(个)	占使用互联网企业的比重(%)
全　省	**27055**	**26961**	**99.7**	**22842**	**84.7**	**6723**	**24.9**
南 昌 市	4704	4701	99.9	4041	86.0	2290	48.7
景德镇市	704	701	99.6	582	83.0	140	20.0
萍 乡 市	1046	1043	99.7	929	89.1	273	26.2
九 江 市	3152	3115	98.8	2766	88.8	676	21.7
新 余 市	837	836	99.9	691	82.7	189	22.6
鹰 潭 市	831	828	99.6	680	82.1	163	19.7
赣 州 市	4079	4069	99.8	3447	84.7	831	20.4
吉 安 市	3123	3116	99.8	2646	84.9	547	17.6
宜 春 市	3348	3329	99.4	2728	81.9	746	22.4
抚 州 市	1763	1761	99.9	1459	82.9	361	20.5
上 饶 市	3462	3456	99.8	2867	83.0	501	14.5

6-10　续表 1

地　区	互联网广告		搜索引擎		电子商务平台	
	数量(个)	占使用互联网企业的比重(%)	数量(个)	占使用互联网企业的比重(%)	数量(个)	占使用互联网企业的比重(%)
全　省	**8749**	**32.5**	**3697**	**13.7**	**2897**	**10.7**
南 昌 市	1406	29.9	741	15.8	461	9.8
景德镇市	194	27.7	127	18.1	78	11.1
萍 乡 市	375	36.0	197	18.9	108	10.4
九 江 市	1281	41.1	547	17.6	341	10.9
新 余 市	256	30.6	84	10.0	95	11.4
鹰 潭 市	243	29.3	75	9.1	109	13.2
赣 州 市	1299	31.9	545	13.4	428	10.5
吉 安 市	1011	32.4	405	13.0	397	12.7
宜 春 市	938	28.2	352	10.6	365	11.0
抚 州 市	576	32.7	207	11.8	184	10.4
上 饶 市	1167	33.8	417	12.1	331	9.6

6-10　续表 2

地　区	电子邮件		社交网站和即时通讯社交工具		其他	
	数量(个)	占使用互联网企业的比重(%)	数量(个)	占使用互联网企业的比重(%)	数量(个)	占使用互联网企业的比重(%)
全　省	**8405**	**31.2**	**5451**	**20.2**	**5113**	**19.0**
南 昌 市	1260	26.8	967	20.6	933	19.8
景德镇市	223	31.8	111	15.8	142	20.3
萍 乡 市	283	27.1	202	19.4	167	16.0
九 江 市	966	31.0	559	17.9	469	15.1
新 余 市	286	34.2	150	17.9	170	20.3
鹰 潭 市	244	29.5	168	20.3	174	21.0
赣 州 市	1340	32.9	1025	25.2	964	23.7
吉 安 市	1046	33.6	643	20.6	516	16.6
宜 春 市	1042	31.3	707	21.2	644	19.3
抚 州 市	667	37.9	290	16.5	284	16.1
上 饶 市	1047	30.3	629	18.2	649	18.8

6-11 按行业门类分企业开展电子商务情况

(2018年)

行业	电子商务销售(万元)	电子商务采购(万元)	跨境电子商务交易(万元)	对境外国家和地区电子商务销售	从境外国家和地区电子商务采购	电子商务交易平台(个)
总计	**28178722**	**10488703**	**804476**	**508297**	**296179**	**401**
采矿业	1803	254				
制造业	15002196	5416116	756021	471639	284382	158
电力、热力、燃气及水生产和供应业		27355				2
建筑业	10088	40098	2	1	1	5
批发和零售业	9553060	4689112	43038	33686	9352	114
交通运输、仓储和邮政业	833278	40455	20	10	10	13
住宿和餐饮业	70267	6757	524	475	49	24
信息传输、软件和信息技术服务业	2485418	206056	1763	1625	138	51
房地产业	14159	8331				3
租赁和商务服务业	93875	38422	858	852	6	12
科学研究和技术服务业	4940	2812	2241		2241	4
水利、环境和公共设施管理业	7069	418	9	9		8
居民服务、修理和其他服务业	29622	9802				
教育	5257	169				1
卫生和社会工作	183	502				
文化、体育和娱乐业	67507	2042				6

6-12 按地区分企业开展电子商务情况

地区	电子商务销售(万元)	电子商务采购(万元)	跨境电子商务交易(万元)	从境外国家和地区电子商务销售	从境外国家和地区电子商务采购	电子商务交易平台(个)
全省	**28178722**	**10488703**	**804476**	**508297**	**296179**	**401**
南昌市	12793757	5044867	58080	47217	10863	91
景德镇市	575316	134798	727	656	71	14
萍乡市	344860	197403	2793	2793		53
九江市	1790338	979916	149546	148585	961	32
新余市	387501	307590	158473		158473	11
鹰潭市	1529536	387703	57594	3166	54428	15
赣州市	1672790	698738	41489	41261	228	45
吉安市	2340986	930677	222983	182111	40872	56
宜春市	1890551	695328	39667	39380	287	50
抚州市	924586	380851	54285	24675	29610	7
上饶市	2294389	730807	18838	18452	386	25

6-13 按行业门类分企业电子商务交易情况

(2018年)

行业	企业数(个)	有电子商务交易的企业		有电子商务销售的企业		有面向大陆区域以外销售的企业	
		数量(个)	比重(%)	数量(个)	比重(%)	数量(个)	比重(%)
总计	**27055**	**2234**	**8.3**	**1959**	**7.2**	**145**	**7**
采矿业	428	6	1.4	2	0.5		
制造业	11146	806	7.2	702	6.3	103	15
电力、热力、燃气及水生产和供应业	307	11	3.6				
建筑业	2747	56	2.0	15	0.5	1	7
批发和零售业	4413	724	16.4	701	15.9	26	4
交通运输、仓储和邮政业	1620	52	3.2	43	2.7	1	2
住宿和餐饮业	1113	274	24.6	272	24.4	9	3
信息传输、软件和信息技术服务业	303	77	25.4	70	23.1	2	3
房地产业	2790	77	2.8	23	0.8		
租赁和商务服务业	631	54	8.6	48	7.6	2	4
科学研究和技术服务业	326	8	2.5	5	1.5		
水利、环境和公共设施管理业	160	17	10.6	15	9.4	1	7
居民服务、修理和其他服务业	210	9	4.3	7	3.3		
教育	301	10	3.3	4	1.3		
卫生和社会工作	261	4	1.5	3	1.1		
文化、体育和娱乐业	299	49	16.4	49	16.4		

6-13 续表

行业	有电子商务采购的企业		有面向大陆区域以外采购的企业		拥有电子商务交易平台的企业	
	数量(个)	比重(%)	数量(个)	占有电子商务采购企业的比重(%)	数量(个)	比重(%)
总计	**1034**	**3.8**	**37**	**3.6**	**319**	**1.2**
采矿业	4	0.9				
制造业	422	3.8	20	4.7	108	1.0
电力、热力、燃气及水生产和供应业	11	3.6			2	0.7
建筑业	52	1.9	1	1.9	4	0.1
批发和零售业	298	6.8	8	2.7	110	2.5
交通运输、仓储和邮政业	23	1.4	1	4.3	11	0.7
住宿和餐饮业	58	5.2	4	6.9	24	2.2
信息传输、软件和信息技术服务业	38	12.5	1	2.6	31	10.2
房地产业	62	2.2			3	0.1
租赁和商务服务业	23	3.6	1	4.3	11	1.7
科学研究和技术服务业	5	1.5	1	20.0	4	1.2
水利、环境和公共设施管理业	9	5.6			6	3.8
居民服务、修理和其他服务业	7	3.3				
教育	7	2.3			1	0.3
卫生和社会工作	2	0.8				
文化、体育和娱乐业	13	4.3			4	1.3

6-14 按地区分企业电子商务交易情况

地区	企业数(个)	有电子商务交易的企业		有电子商务销售的企业		有面向大陆区域以外销售的企业	
		数量(个)	比重(%)	数量(个)	比重(%)	数量(个)	占有跨境销售企业的比重(%)
全省	**27055**	**2234**	**8.3**	**1959**	**7.2**	**145**	**7**
南昌市	4704	448	9.5	364	7.7	18	5
景德镇市	704	94	13.4	90	12.8	8	9
萍乡市	1046	92	8.8	81	7.7	5	6
九江市	3152	187	5.9	176	5.6	23	13
新余市	837	44	5.3	40	4.8		
鹰潭市	831	103	12.4	94	11.3	11	12
赣州市	4079	284	7.0	228	5.6	14	6
吉安市	3123	259	8.3	234	7.5	24	10
宜春市	3348	286	8.5	261	7.8	20	8
抚州市	1763	148	8.4	127	7.2	10	8
上饶市	3462	286	8.3	261	7.5	12	5

6-14 续表

地区	有电子商务采购的企业		有面向大陆区域以外采购的企业		拥有电子商务交易平台的企业	
	数量(个)	比重(%)	数量(个)	占有电子商务采购企业的比重(%)	数量(个)	比重(%)
全省	**1034**	**3.8**	**37**	**4**	**319**	**1.2**
南昌市	206	4.4	6	3	70	1.5
景德镇市	27	3.8	2	7	11	1.6
萍乡市	36	3.4			20	1.9
九江市	91	2.9	2	2	26	0.8
新余市	22	2.6	1	5	11	1.3
鹰潭市	50	6.0	2	4	13	1.6
赣州市	144	3.5	4	3	36	0.9
吉安市	103	3.3	4	4	51	1.6
宜春市	125	3.7	5	4	48	1.4
抚州市	81	4.6	5	6	7	0.4
上饶市	148	4.3	6	4	25	0.7

附　录

主要指标解释

主要指标解释

房屋施工面积　指报告期内施工的全部房屋建筑面积。包括本期新开工的房屋建筑面积、上期跨入本期继续施工的房屋建筑面积、上期停缓建在本期恢复施工的房屋建筑面积、本期竣工的房屋建筑面积以及本期施工后又停缓建的房屋建筑面积。多层建筑应填各层建筑面积之和。

房屋新开工面积　指报告期内新开工建设的房屋建筑面积，以单位工程为核算对象，即整栋房屋的全部建筑面积，不能分割计算。不包括在上期开工跨入本期继续施工的房屋建筑面积和上期停缓建而在本期复工的房屋建筑面积。房屋的开工应以房屋正式开始破土刨槽（地基处理或打永久桩）的日期为准。

房屋竣工面积　指报告期内房屋建筑按照设计要求已全部完工，达到住人和使用条件，经验收鉴定合格或达到竣工验收标准，可正式移交使用的各栋房屋建筑面积的总和。

竣工面积以房屋单位工程（栋）为核算对象，在整栋房屋符合竣工条件后按其全部建筑面积一次性计算，而不是按各栋施工房屋中已完成的部分或层次分割计算。

商品房销售面积　指报告期内出售商品房屋的合同总面积（即双方签署的正式买卖合同中所确定的建筑面积）。商品房销售面积由现房销售面积和期房销售面积两部分组成。

（1）现房销售面积：指在报告期内正式签订买卖合同、已经竣工达到入住条件的商品房屋建筑面积。包括以一次性付款方式和分期付款方式销售的现房建筑面积。

（2）期房销售面积：指在报告期内正式签订买卖合同、正在建设尚未竣工交付使用的商品房屋建筑面积。包括以一次性付款方式和分期付款方式销售的商品房屋建筑面积。期房销售建筑面积竣工后不再结转为现房销售建筑面积。

商品房销售额　指报告期内出售商品房屋的合同总价款（即双方签署的正式买卖合同中所确定的合同总价）。该指标与商品房销售面积同口径，由现房销售额和期房销售额两部分组成。

（1）现房销售额：指报告期内销售的已竣工商品房屋的合同总价款。包括现房销售前期预收的定金、预收款、首付款及全部按揭贷款的本金等款项。该指标与现房销售面积同口径。

（2）期房销售额：指报告期内销售的正在建设尚未竣工的商品房屋的合同总价款。包括预售房屋前期预收的定金、预收款、首付款及全部按揭贷款的本金等项。该指标与期房销售面积同口径。

房屋竣工价值　指报告期内按规定已经上报竣工的房屋本身的建造价值。一般按房屋设计和预算规定的内容计算。包括竣工房屋本身的基础、结构、屋面、装修以及水、电、卫等附属工程的建筑价值；也包括作为房屋建筑组成部分而列入房屋建筑工程预算内的设备（如电梯、通风设备等）的购置和安装费用。不包括厂房内的工艺设备、工艺管线的购置和安装，工艺设备基础的建造；室外的水、暖、电、卫、道路工程、挡土墙等环境工程的费用；办公和生活用家具的购置等费用；购置土地的费用；迁移补偿费和场地平整的费用及城市建设配套投资。

房屋竣工价值不仅包括该竣工房屋在报告期内完成的价值，也包括跨年施工的房屋在本期以前完成的价值。未竣工而转让给其他单位的房屋建筑工程，出让单位不计算竣工价值，待接受单位继续施工并符合竣工条件后，由接受单位计算其竣工价值，包括出让单位在出让前所完成的价值。房屋竣工价值一般按结算价格（或中标价）计算。

待开发土地面积　指经有关部门批准，通过各种方式获得土地使用权，但尚未开工建设的土地面积。

本年土地购置面积　指在本年内通过各种方式获得土地使用权的土地面积。

资产总计　指企业过去的交易或者事项形成的、由企业拥有或者控制的、预期会给企业带来经济利益的资源。包括企业拥有的土地、办公楼、厂房、机器、运输工具、存货等实物资产和现金、存款、应收账款和预付账款等金融资产。资产一般按流动性（资产的变现或耗用时间长短）分为流动资产和非流动资产。其中流动资产可分为货币资金、交易性金融资产、应收票据、应收账款、预付款项、其他应收款、存货等；非流动资产可分为长期股权投资、固定资产、无形资产及其他非流动资产等。根据会计“资产负债表”中“资产总计”项目的期末余额数填报。

负债合计　指企业过去的交易或者事项形成的，预期会导致经济利益流出企业的现时义务。包括银行贷款、借款、应付账款、应付职工工资、应付职工福利费、应交税金等企业负有偿还责任的债务。

负债一般按偿还期长短分为流动负债和非流动负债。根据会计资产负债表中“负债合计”项目的期末余额数填报。执行企业会计准则或《小企业会计准则》的企业：负债合计=流动负债合计+非流动负债合计；执行其他企业会计制度的企业负债包括流动负债和长期负债。

主营业务收入　指企业确认的销售商品、提供劳务等主营业务的收入。根据会计“主营业务收入”科目的期末贷方余额填报。执行 2006 年《企业会计准则》的企业，如未设置该科目，以“营业收入”代替填报。

土地转让收入　指房地产开发企业按国家规定在报告

期转让已经开发的土地和未经开发的土地所得到的收入。根据会计“利润表”和相关核算资料计算填报。

商品房屋销售收入 指房地产开发企业在报告期售出商品房屋的收入，一次收款的，一次性全部计入销售收入，按合同规定分期收款的，可按合同规定的时间分次计入收入。根据会计“利润表”和相关核算资料计算填报。

房屋出租收入 指房地产开发企业在报告期内，在不改变现有财产所有权关系的条件下，将企业的全部或部分房屋出租给其他单位或个人使用所得到的租金收入。根据会计“利润表”和相关核算资料计算填报。

其他（主营业务）收入 指房地产开发企业在报告期内从事除以上收入外的其他业务活动所得到的收入，包括配套设施销售收入、代建工程结算收入等。根据会计“利润表”和相关核算资料计算填报。

年末从业人数 指报告期末最后一日在本单位工作，并取得工资或其他形式劳动报酬的人员数。

年末零售营业面积 指批发和零售业企业用于本企业从事零售业务的对外营业的面积，不包括其办公用房、仓库、加工场地以及对外出租场地。按年末实有建筑面积统计。

年末餐饮营业面积 指住宿和餐饮业企业对外提供餐饮服务的就餐面积和从事食品加工、烹饪、调制的厨房面积，不包括办公用房和仓库等面积。按年末实有建筑面积统计。

营业收入 指企业经营主要业务和其他业务所确认的收入总额。营业收入包括“主营业务收入”和“其他业务收入”。根据会计“利润表”中“营业收入”项目的本年累计数填报。

计算机数 指报告期末企业（单位）使用的计算机数量，包括台式机、笔记本电脑和平板电脑。

信息技术人员 是指在企业领取报酬的，专职从事信息技术相关工作的人员。可以是全职人员，也可以是兼职人员。信息技术相关工作包括维护ICT基础设施（服务器、计算机、打印机、网络），支持办公软件（如文字处理器、电子表格等），开发业务管理软件/系统，支持业务管理软件/系统（如ERP、CRM、HR、数据库），开发Web解决方案（如开发自己企业的网站、应用程序、电子商务解决方案等），支持Web解决方案（如支持自己企业的网站、应用程序、电子商务解决方案等），ICT 安全和数据保护（如安全测试、安全培训、解决ICT安全事件等）。企业因购买软硬件及其他信息技术服务而导致供货方或提供技术一方的法人单位向本企业派驻的信息技术人员不计入本企业的信息技术人员统计范围。

局域网（LAN） 指在局部区域，如单一建筑物、独立部门，连接计算机的网络，可以是无线网络。

信息化投入指报告期内企业在信息化方面发生的硬件投入、软件投入和信息技术服务投入。信息化投入为企业当年发生的所有投入，不分年摊销，也不包括本企业信息技术人员劳动报酬。

互联网 指在世界范围内的公共计算机网络。它提供一系列通信服务（包括万维网）的接入，并传送电子邮件、新闻、娱乐和数据文件等。

从政府机构获取信息 指企业（单位）通过浏览网站或者发送电子邮件获取与政府相关的信息。

与政府机构互动 指企业（单位）通过互联网向政府机构采购或者销售、在线支付以及在线填写或者下载政府要求提供的表格等活动。

提供客户服务 指企业（单位）通过网站或者电子邮件提供产品的规格、价目表以及提供售后服务（如产品维修咨询、在线订单跟踪等）。

在线提供产品 指企业（单位）通过互联网以数字形式交付产品（如报告、软件、音乐、视频、电脑游戏等）、以及提供在线服务（如计算机相关服务、信息服务、旅游预订或金融服务等）。

员工培训 指企业（单位）基于互联网开展的电子教学应用。

网站数 指报告期末企业拥有和维护的，在互联网上可浏览的网站数，不包括企业内网。网站是指在公共互联网上，面向公众使用的，基于TCP/IP协议的计算机系统，以域名本身或者“WWW.+域名”为网址的web站点，由地址、软件、硬件和内容组成。

搜索引擎 指通过一定的策略和计算机程序从互联网上提取各个网站的信息，对信息进行组织和处理后，建立起数据库，根据用户检索和查询条件匹配信息显示给用户的互联网服务系统。

电子邮件 是一种通过网络实现相互传送和接收信息的现代化通信方式。电子邮件账号（地址）在形式上通常以“ABC@域名”的形式呈现，这里的ABC可以是字母、符号、或者文字。

社交网站 是指与人人网、微博等形态和功能类似的、基于用户真实社交关系从而为用户提供一个沟通、交流平台的社交网站。

即时通讯社交工具 是通过即时通讯技术来实现在线聊天、交流的软件。

电子商务销售金额 指报告期内企业（单位）借助网络订单而销售的商品和服务总额（包含增值税），借助网络订单指通过网络接受订单，付款和配送可以不借助于网络。

电子商务采购金额 指报告期内企业（单位）借助网络订单而采购的商品和服务总额（包含增值税），借助网络订单指通过网络发送订单，付款和配送可以不借助于网络。

电子商务交易平台 指在电子商务活动中为交易双方或多方提供交易撮合及相关服务的信息网络系统的总和。

平台交易额 指电子商务交易平台在报告期内促成的商品和服务交易订单的金额，包括当期客户预付并未结转收入的交易金额，扣除往期预付本期给予退回或撤销的客户订单金额。平台交易额是平台促成的交易额，而不仅仅是平台报送法人参与的交易额。平台交易额包括自营电子商务销售额、自营电子商务采购额和非自营电子商务交易额。

自营电子商务交易平台 是指为企业、企业集团或所属品牌自身开展电子商务交易活动提供服务的平台。

非自营电子商务交易平台　也即第三方电子商务交易平台，是指为其他单位或个人开展电子商务交易活动提供服务的平台。

自营电子商务销售额　指企业在自营电子商务交易平台上销售商品或服务的金额。

自营电子商务采购额　指企业在自营电子商务交易平台上采购商品或服务的金额。

非自营电子商务交易额　指在非自营电子商务交易平台上实现的交易金额。不包括拥有平台的企业作为销售方或采购方参与的交易额。

对境外销售商品或提供服务的金额　指销售给大陆以外国家或地区商品或服务的金额。

互联网广告收入　指在本互联网平台投放以广告横幅、文本链接、多媒体等形式，为外部客户提供宣传推广服务所获得的收入。